JN209073

I W A O K A L A B

1995-2024

ARCHITECTURAL MONOGRAPH

from House

to

Neighborhood

岩岡竜夫研究室
1995 - 2024
建築設計作品集

住宅（いえ）から都市（まち）へ

はじめに　住宅から都市へ

21世紀に入って、我々を取り巻く環境は大きく変化している。その具体的な要因の1つは、大災害、気候変動、パンデミック、ウクライナ情勢、エネルギー危機、そしてガザ戦争……、世界を巻き込むような環境全体、社会全体にインパクトを与えるような大きなイヴェントの継起によるものである。もう1つは、高度に個人情報化し一方で巨大化する資本主義社会からくる人々の間の格差、そこからくるコンフリクト、すなわち日常の秩序の崩壊や倫理の低下によって、様々なレベルの分断と対立が顕在化することによるものである。

こうした社会の変容において、人々の日常生活を実体として取り巻く環境や、人々の住まいそのものである建物の質的な向上はますます重要なものとなっている。そもそも人々の住まいやその延長である住環境の質的低下や喪失などが紛争や犯罪、貧困や疫病などの主要な原因であり、一人ひとりの住まいの向上や拡張こそ、社会の中の分断や対立を和らげ、人々の日常に豊かさを保障するものではないか。例えば、住宅という限定され閉じた私的な環境を、その境界線を超えて都市へと拡張させ解放することは、これからの住宅設計の社会的な使命であり、また、住宅／都市という対立概念を再定義することは、環境全体への意識の向上へと繋がるものと考える。

ここでは建築にかかわる対概念として＜住宅＞と＜都市＞を取り上げてみる。住宅は建築の最小単位で、建築の最大単位が都市であるいうこともできる。住宅とは人々の住まいを物理的に構成する建物の一般名称であり、建築物の中でも比較的小規模で、地理的にも歴史的にも数多く存在しているビルディングタイプである。地球上に圧倒的に存在するという点で、住宅は建築物の1タイプというより住宅が派生し展開したものが建築といってよいかもしれない。住宅は人々の身体を覆う器であり、日常生活を支える場所である。一方都市とは、住宅を取り巻く周辺環境であり、あるいは住宅が集合してできたひとまとまりの領域であり、住宅以外の用途をもった施設やそれらを繋ぐインフラなど、住宅を含む全ての建築物を包含する環境全体であるともいえる。

現代の都市環境においては、住宅本来の機能と形式に様々な変化があらわれている。１つは住宅の規模と機能の縮小化であり、もう１つは住宅の都市あるいは周辺環境に対する閉鎖性である。これは、都市が巨大化し住宅を凌駕しつつあることと関係する。かつて＜都市住宅＞と呼ばれた都市の中の小住宅のように、住宅の中に都市の様相を挿入させたり、あるいは住宅の機能を都市の中に散逸させるといった、住宅と都市の間の対等な関係性とは異なり、都市という巨大な公共空間を創出する資本の中で、プライベートな環境を確保するための住宅が矮小化しつつある。

さらに、脱炭素社会に向かって住宅の高気密・高断熱化が推奨され、社会との情報交換のための＜窓＞は小さなスマホの画面となることで、住宅（内）と都市（外）の物理的な分断は拡大しつつある。こうした状況の中で、住宅と都市の再定義とその両者を隔てる境界線の引き直しが必要ではないか。例えば､住宅の内外を隔てる壁や敷地の内外を隔てる塀、住宅という単位がつくる都市景観、住宅という機能の都市への拡張など、住宅と都市の新たな関係を築く手法が求められている。

ずいぶん前にある方から、あなたは何のために住宅を設計しているのか、と尋ねられたことがある。住宅、特に個人住宅や独立住宅の場合、その設計規模は他の建築物に比較してかなり限定され、その用途も公共建築とは程遠く私的なものである。それを設計することにあえて意味を見出すとすれば、本当の良さをまだ知らない施主を説得させ、自己の表現に満悦し、それを伝えることで他者からの同調を期待する、そんな活動を 30 年間続けてきたのかもしれない。こうしたパーソナルな設計活動に対する一種の弁明として、ここで＜住宅と都市の関係＞を再考・再構築してみたいという思いがあった。それは、以前の高

度成長社会から現在の低成長成熟社会への移行において、住宅と都市の持続的な関係、すなわち周囲の環境を信用し立脚する姿勢が、これからの建築設計に求められることではないか、ということを表明することになるだろう。

本書の構成はいくぶん複雑である。住宅設計における理論とその実践、あるいは実践とその検証というものが設定できるとして、それを１冊の本としてまとめるために、まずこれまで設計した作品を大きく４つに分け、それぞれに上述の＜住宅から都市へ＞のテーマを各コラムとして解説している。目次を見ていただくと分かるように、作品集としての側面と、建築論としての側面の２つが同時並行で構成されているといってもよい。例えば作品集として、各作品の設計内容を写真と図面及び解説文で示しているが、住宅と都市の関係を写真や図面を用いて表現したものでもある。また建築論として、住宅と都市のあり方を様々な事例を用いて説明しているが、あくまで個人的な経験からではあるが、ぜひ訪れてみて欲しい都市や建築のガイドブックとしても役立てていただきたい。

まず建築作品集として、著者らがこれまで設計した建築物の中で、戸建住宅から集合住宅まで、あるいは専用住宅から併用住宅まで、住宅の実施設計に関するものを 16 作品選定した。その中にはプロジェクトに留まったものや建設中のもの、あるいはすでに取り壊されたものなどが含まれている。当然ながら建物の周辺の様子が大きく変貌しているものも多い。そのほとんどが日本国内に建つものであるが、東京都心の狭小地敷から地方都市の田園地帯まで、敷地の状況には幅がある。そこで、各作品を紹介する最初のページに、住宅のみのアイソメ（同一スケール）と、その周辺環境を含むアイソメを併置させることで、建物とその周辺の環境との関係を立体的に表現することを試みた。また（配置図を除く）一般図の縮尺はほぼ 1/250 で統一したが、これは住宅という建物を周辺環境を含む都市的な視点から観察した場合の適切なスケール表現であると考えたからである。

一方の建築論として、住宅と都市の関係を大きく４つのテーマに分けて、それぞれをコラムとして論じた。１つ目は、住宅とその周辺環境との動線の連結による環境のネットワークの構築について、２つ目は、街並みをつくる住宅の外観と住宅の都市への眼差しについて、３つ目は、住まいの再定義を通してみる住宅と都市の関係の多様性について、４つ目は、住宅という建築の集合化による都市環境への拡張と同化について、それぞれ特筆すべき具体的な事例を参照に述べている。

最後に本書の装幀について述べる。B5 判ヨコ使いとした理由は、これまでの著者らが関わった著書『図』シリーズ（注 1）と同サイズであり、建築の写真や建築図面を掲載するには有効なサイズであると思われるからである。また印刷製本の過程を鑑みて、カラーページをできるだけ合理的･経済的に配するために、8p（カラー）＋ 8p（モノクロ）の 16 ページ分を１モデュールとして、それに合わせて各作品の主たる写真をカラーページに収まるようにした。結果として各作品の写真と図面が離散した形になっているが、それは本書の多面性を示しているとして理解していただければ幸いである。

注 1

図研究会著『図：建築表現の手法』東海大学出版会 1999

図研究会著『図 2：建築模型の表現』東海大学出版会 2000

図研究会著『図 3：建築の図形表現』東海大学出版会 2001

図研究会著『図 4：建築のスケール』東海大学出版部 2018

図研究会著『図 5：建築と都市のグリッド』東海教育研究所 2020

図研究会著『図 6：建築と都市の軸・対称』東海教育研究所 2025（発刊予定）

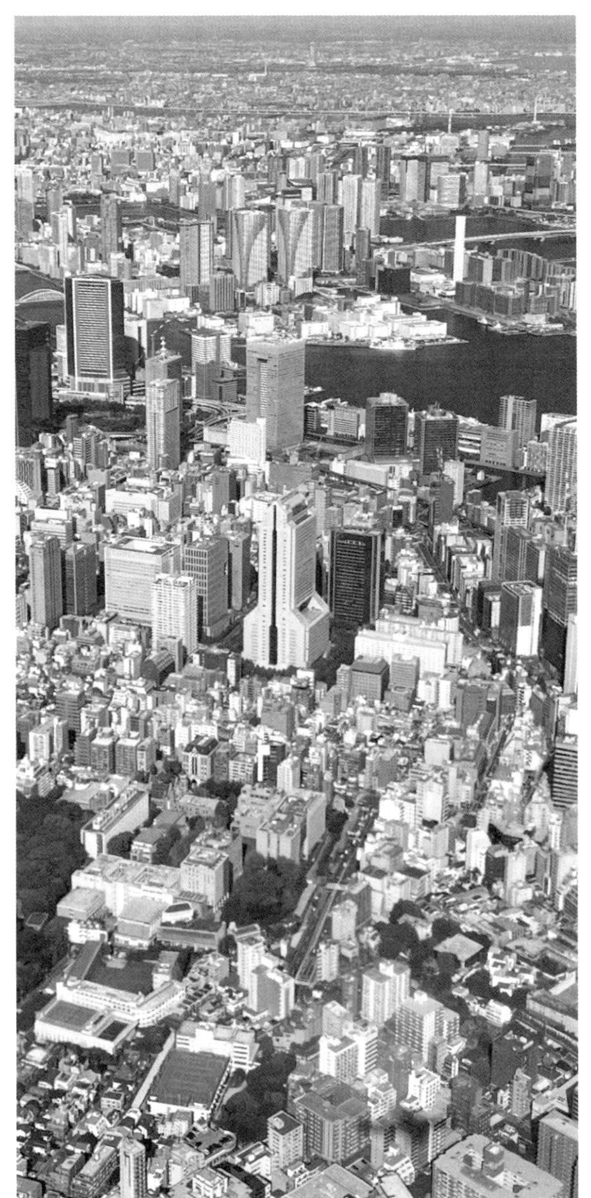

HONDA

01
立体土間（りったいどま）の家
DOMA house

→ p.026~029

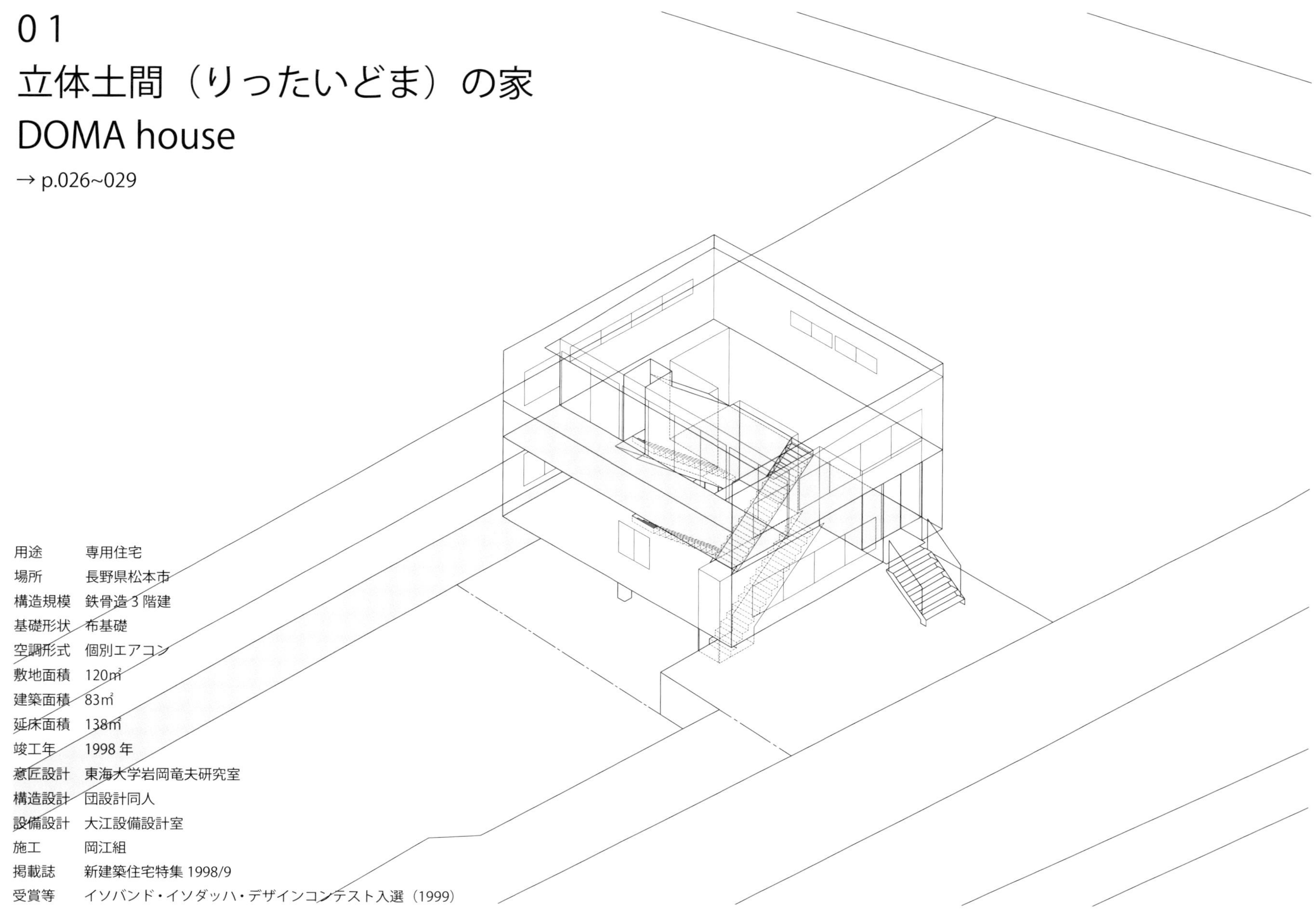

用途	専用住宅
場所	長野県松本市
構造規模	鉄骨造 3 階建
基礎形状	布基礎
空調形式	個別エアコン
敷地面積	120㎡
建築面積	83㎡
延床面積	138㎡
竣工年	1998 年
意匠設計	東海大学岩岡竜夫研究室
構造設計	団設計同人
設備設計	大江設備設計室
施工	岡江組
掲載誌	新建築住宅特集 1998/9
受賞等	イソバンド・イソダッハ・デザインコンテスト入選（1999）

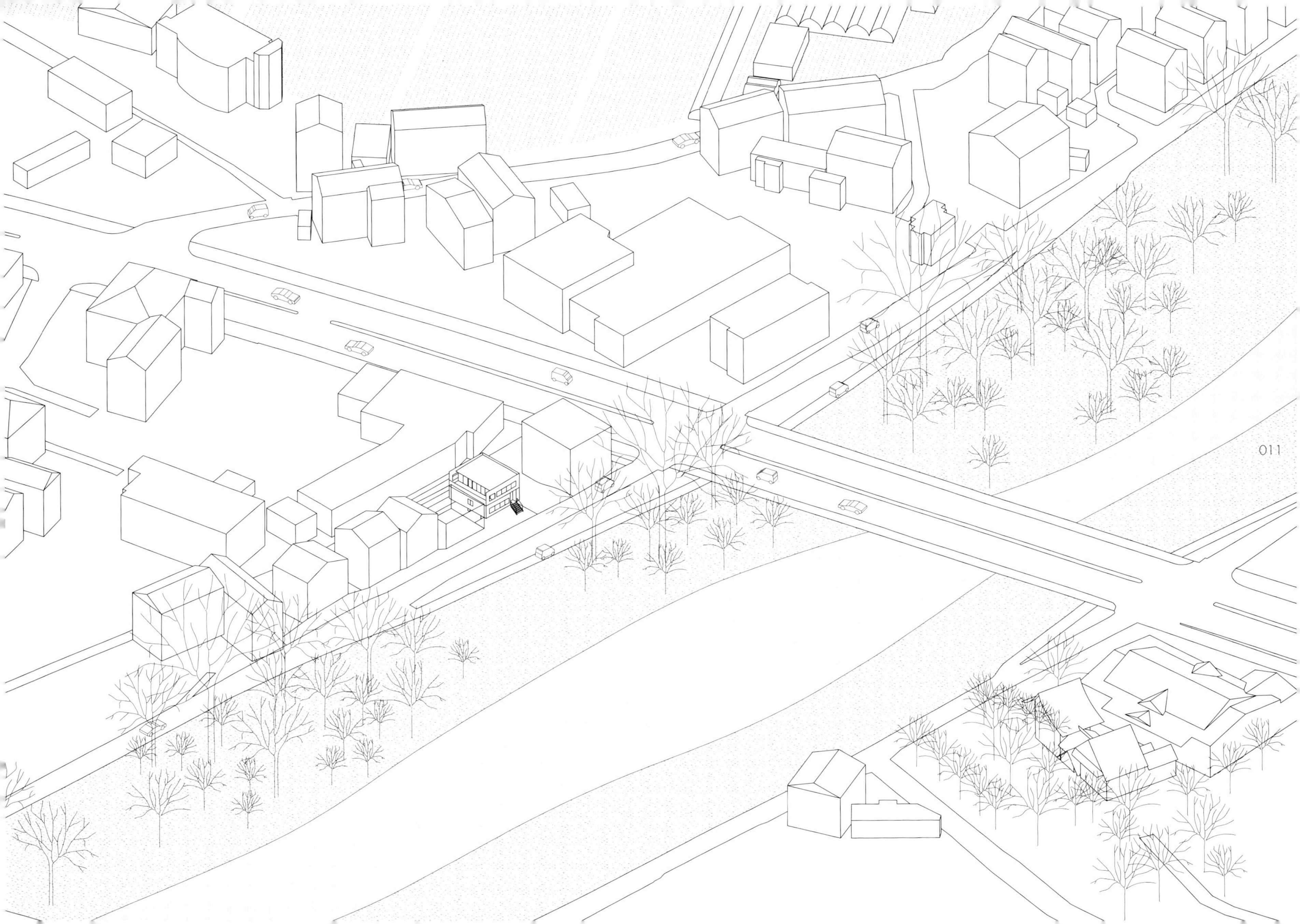

0 2
対屋（たいのや）の家
SLOPE house

→ p.030~033

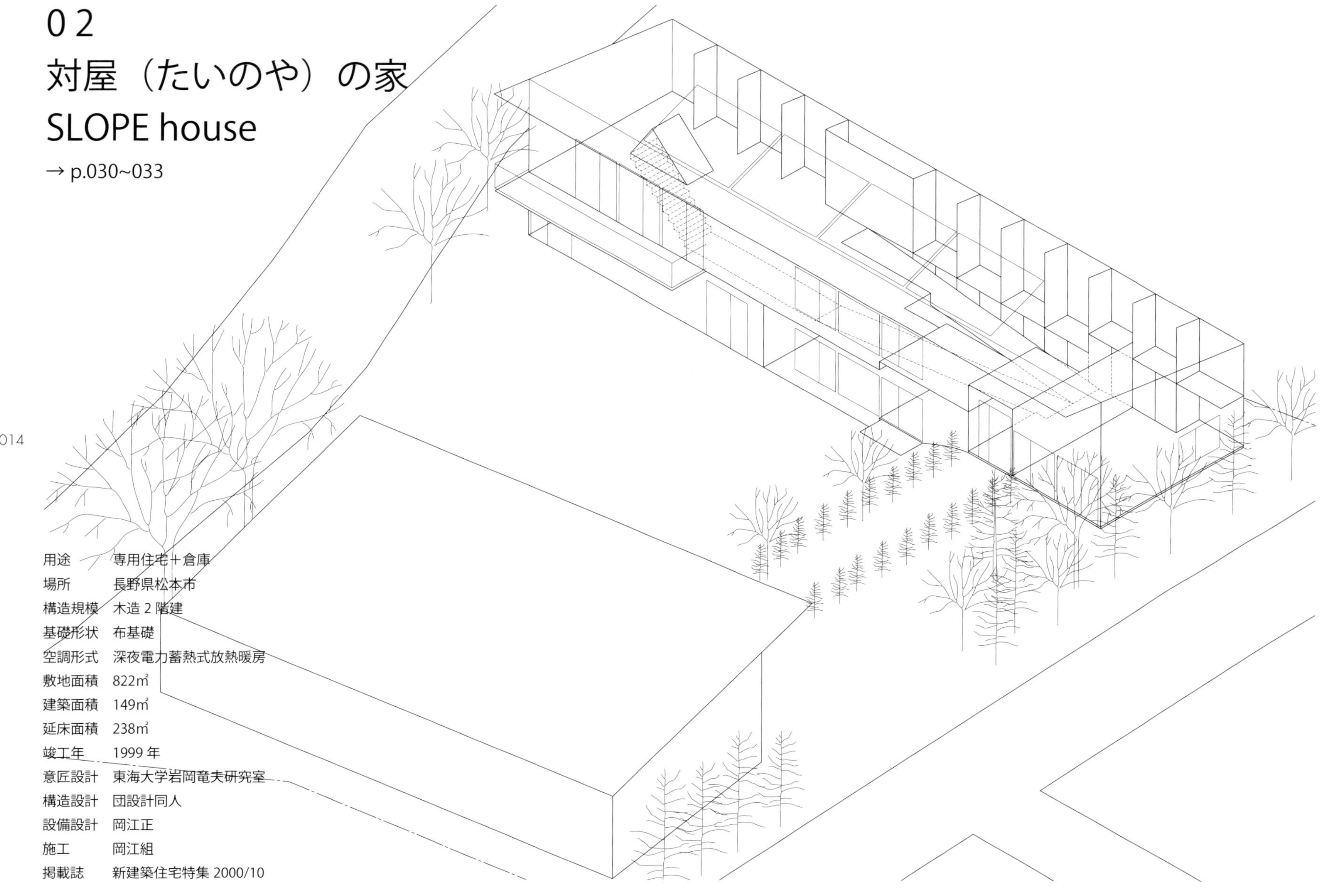

用途　専用住宅＋倉庫
場所　長野県松本市
構造規模　木造 2 階建
基礎形状　布基礎
空調形式　深夜電力蓄熱式放熱暖房
敷地面積　822㎡
建築面積　149㎡
延床面積　238㎡
竣工年　1999 年
意匠設計　東海大学岩岡竜夫研究室
構造設計　団設計同人
設備設計　岡江正
施工　岡江組
掲載誌　新建築住宅特集 2000/10

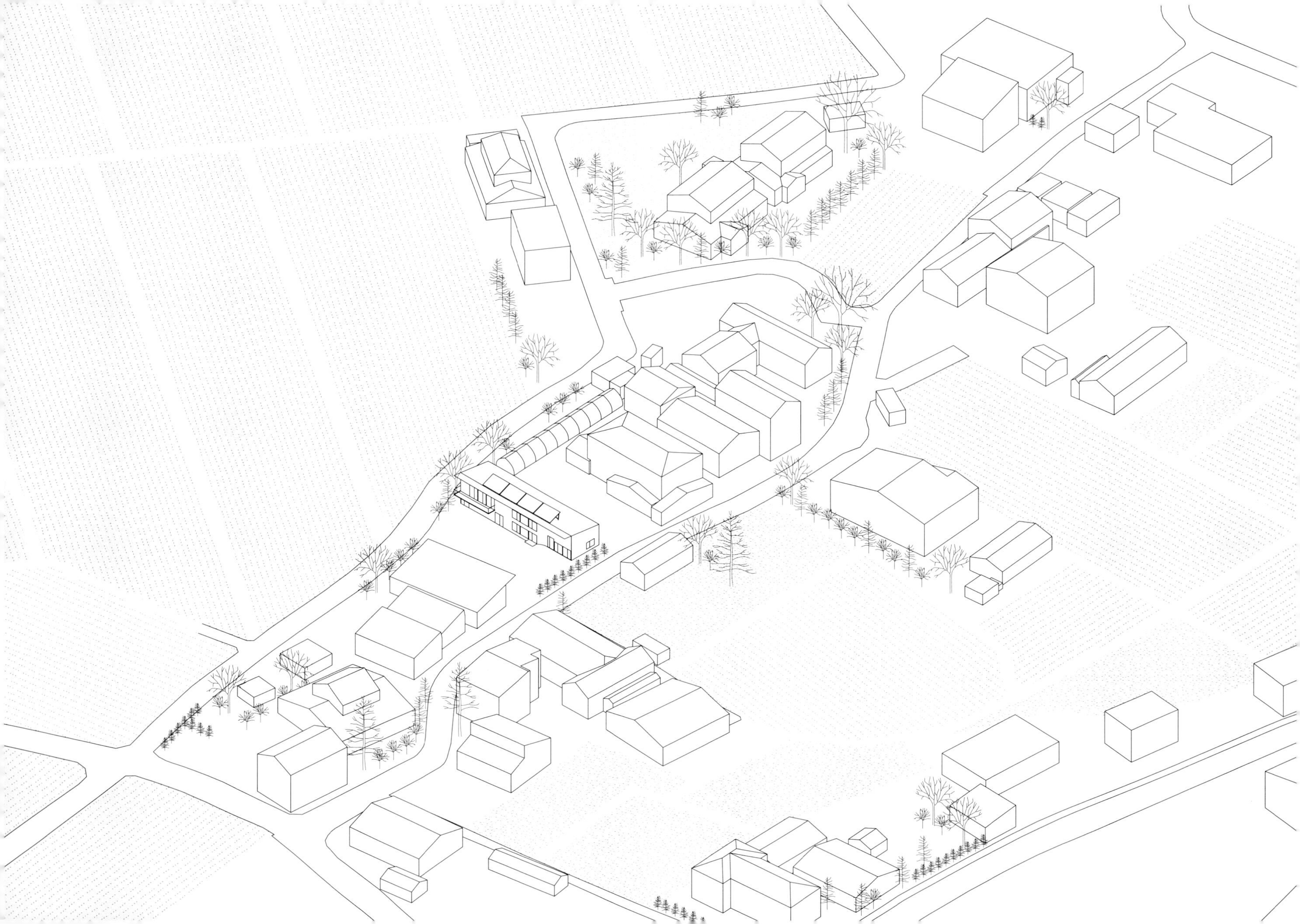

0 3
ラセンの家
SPIRAL house

→ p.034~037

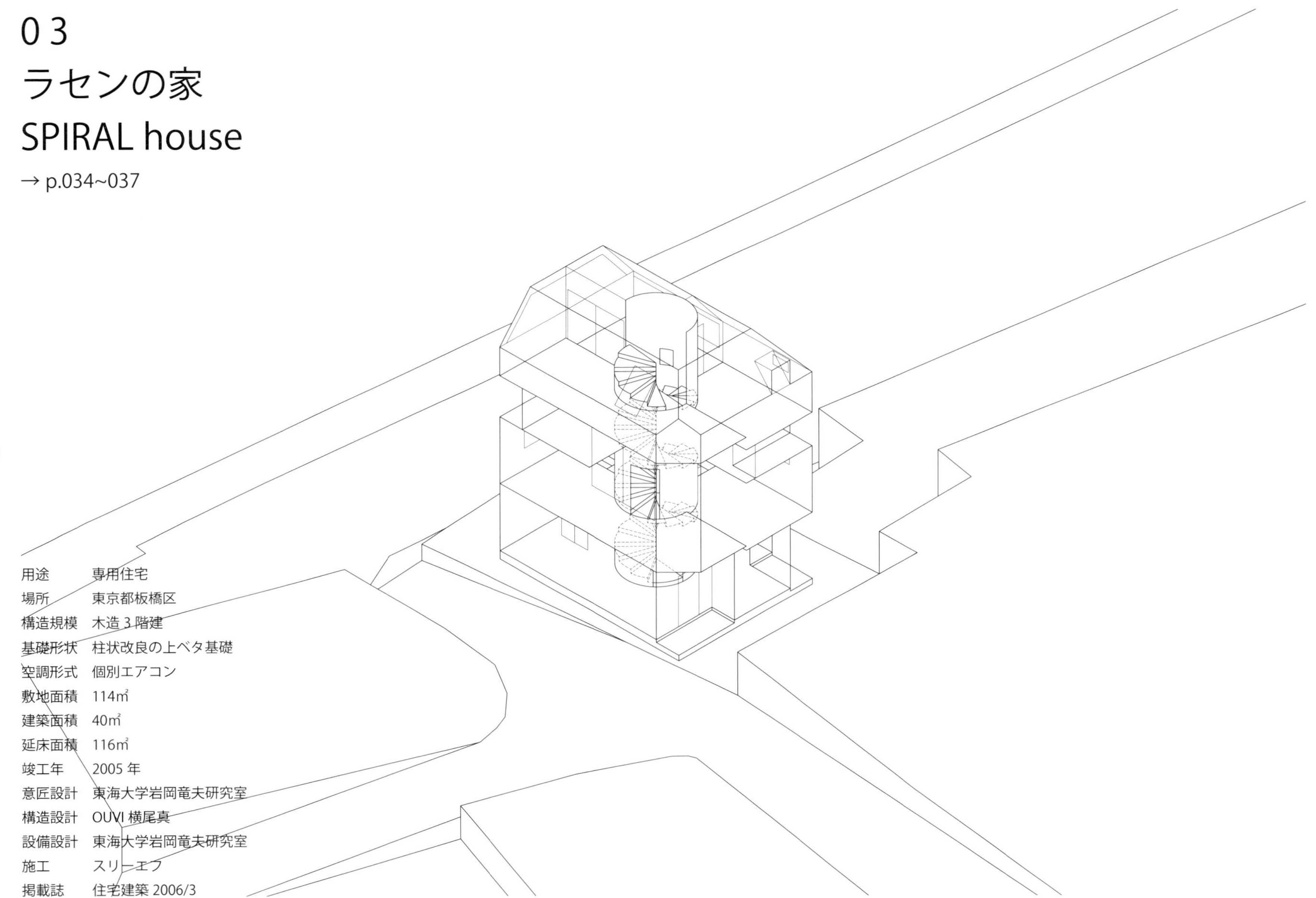

用途	専用住宅
場所	東京都板橋区
構造規模	木造 3 階建
基礎形状	柱状改良の上ベタ基礎
空調形式	個別エアコン
敷地面積	114㎡
建築面積	40㎡
延床面積	116㎡
竣工年	2005 年
意匠設計	東海大学岩岡竜夫研究室
構造設計	OUVI 横尾真
設備設計	東海大学岩岡竜夫研究室
施工	スリーエフ
掲載誌	住宅建築 2006/3

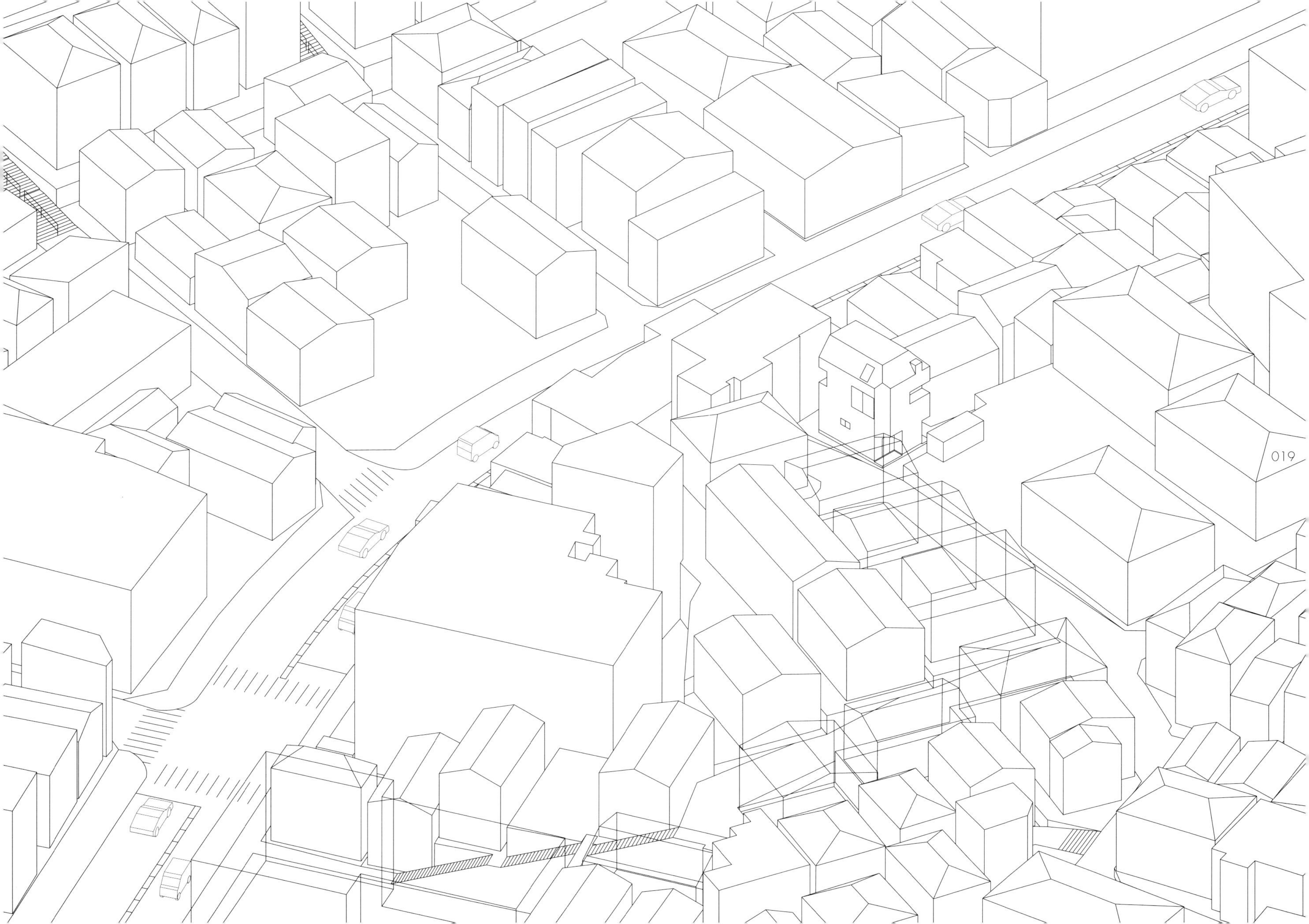

04
福浦（ふくうら）ハウス
Villa Fukuura

→ p.038~041

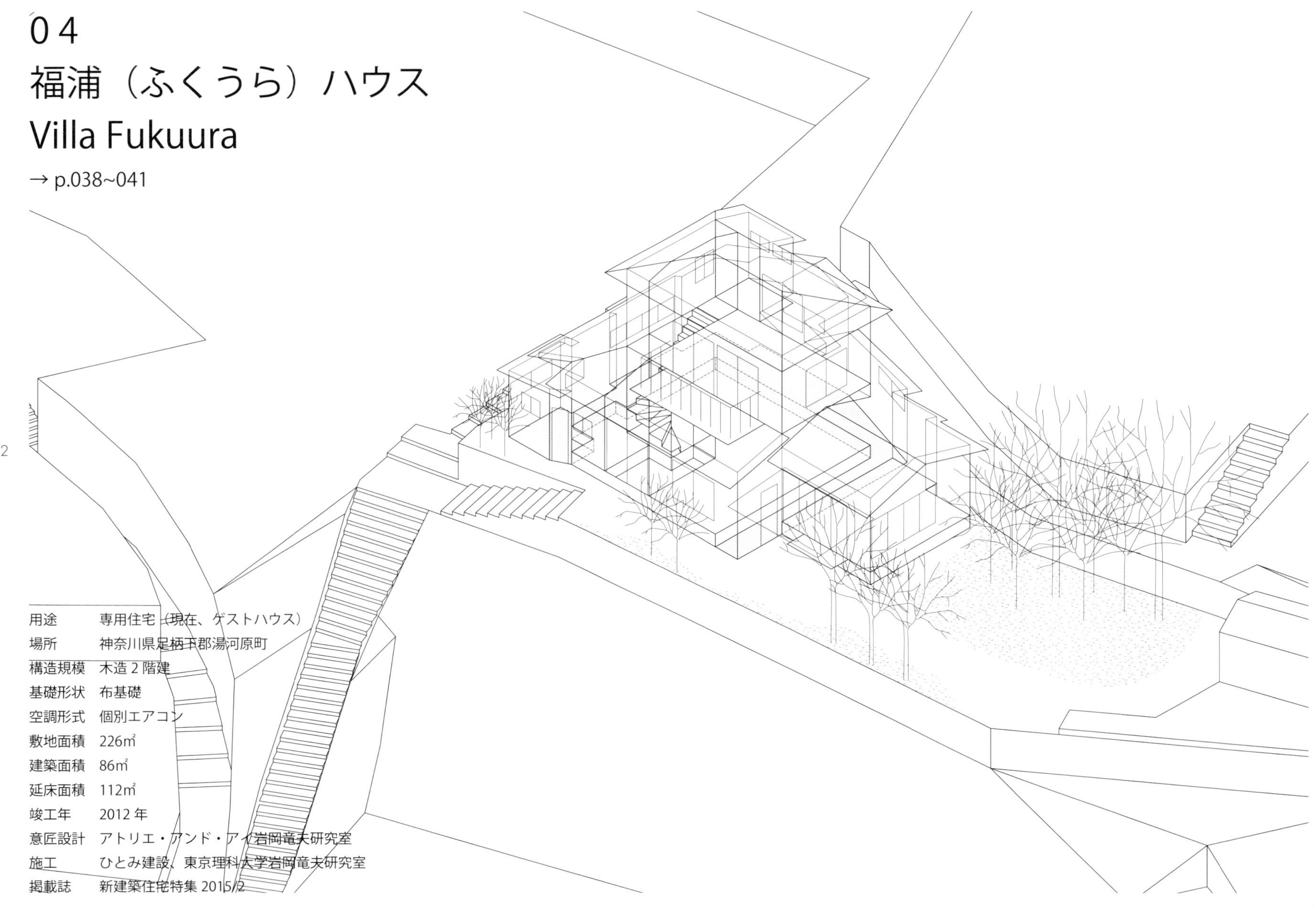

用途	専用住宅（現在、ゲストハウス）
場所	神奈川県足柄下郡湯河原町
構造規模	木造 2 階建
基礎形状	布基礎
空調形式	個別エアコン
敷地面積	226㎡
建築面積	86㎡
延床面積	112㎡
竣工年	2012 年
意匠設計	アトリエ・アンド・アイ岩岡竜夫研究室
施工	ひとみ建設、東京理科大学岩岡竜夫研究室
掲載誌	新建築住宅特集 2015/2

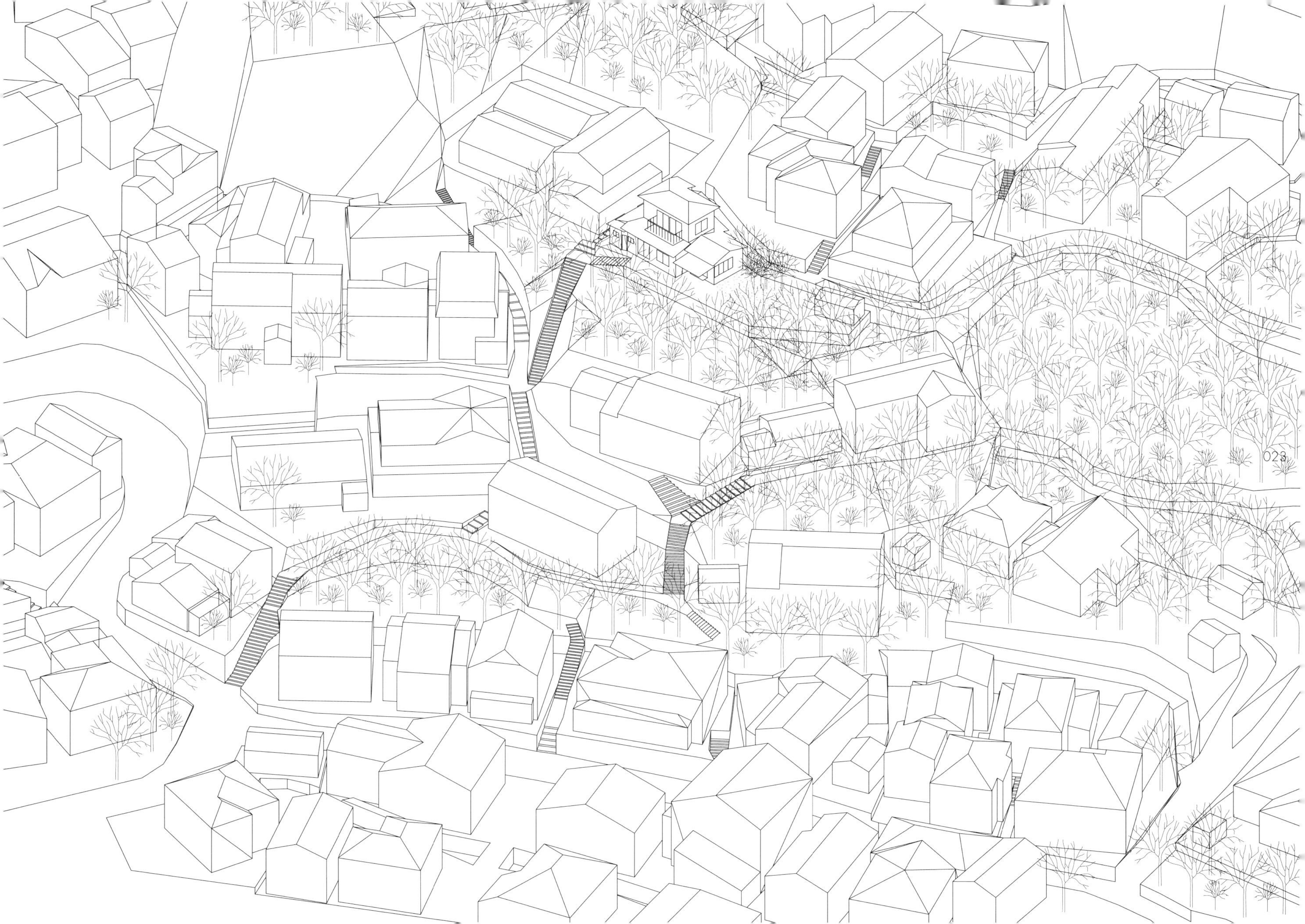

01　立体土間の家

土間の立体化と土間空間によるヴォリュームの分節

敷地は信濃川の支流である奈良井川の土手沿い道路に面しており、また松本市街と上高地を結ぶ国道に程近い場所に位置する。敷地の地盤面は西側の農業用水路と同レベルにあるが、その後の河川敷整備の影響で、東側の接続道路面は既存の擁壁によって地盤面から約 2m 高くなっている。そのため建物へのアプローチは必然的に 2 階部分からとなる。また敷地の南側には 2 階建ての隣家が近接している。

こうした立地条件により、ここでは＜西側用水路に隣接する 1 階ピロティ部＞＜前面道路に連続する 2 階エントランス部＞＜南面からの採光のための 3 階ベランダ部＞といったレベルの異なる 3 つの外部領域が最初に設定された。

この建物では各領域を相互に連絡する動線部が外部化（＝土間化）して展開しており、それにより建物全体は四角いヴォリュームの中に外部空間が立体的に貫通する構成となっている。この土間空間の形態はまた、建物の内部空間を仕切り、さらに各階を繋ぐ内部動線の位置を決定している。

建主は、建て替えの以前から河川敷内に小さな畑を耕作し、また用水路脇にビニルハウスを設置するほどの熱心な菜園家である。こうした生活様式への対応として、建物内外の各場所へ土足で移動できることは十分機能的であると思われた。このことはまた、すでに各々自立した

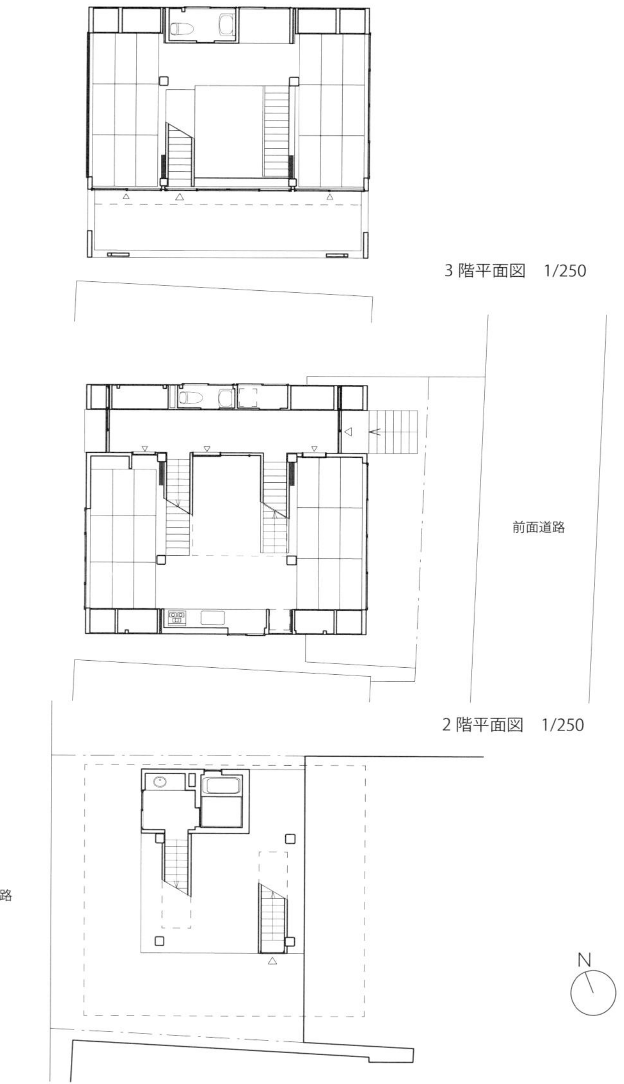

3 階平面図　1/250

2 階平面図　1/250

1 階平面図　1/250

個人の集合である家族に相応の個室の配列、すなわち各個室へのアクセスの独立性を高めることに対しても有効である。

土間を除く内部空間は、立体的にひとつの連続したスペースとなっているが、ねじれの位置にある２つの土間階段のヴォリュームによって領域は曖昧かつ不均質に分節されている。夏場の東西方向の通風性はこの敷地において特に有効であり、各個室を可動式建具によってのみ仕切るようにすることで、内部全体の開放性をできるだけ確保した。 また個室全てを畳敷きとして、土間との身体空間的な対比を強めている。

建物のヴォリュームは、４本の支柱及びそこからの四方へ延びる片持梁により固定されているため、全体外形は宙に浮いた箱型となり、結果として周囲から孤立した様相を呈している。これは、敷地内の既存擁壁の強度が不確定であることや、交通量の多い前面道路に対する２階床レベルの設定など、環境に対する断面的な解答にその主たる要因がある。

配置図　1/1000

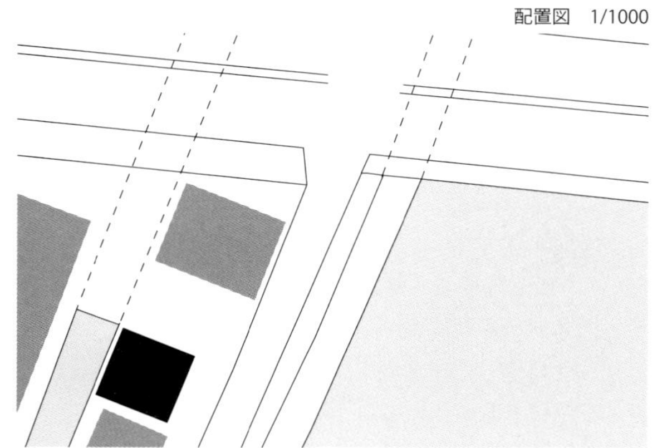

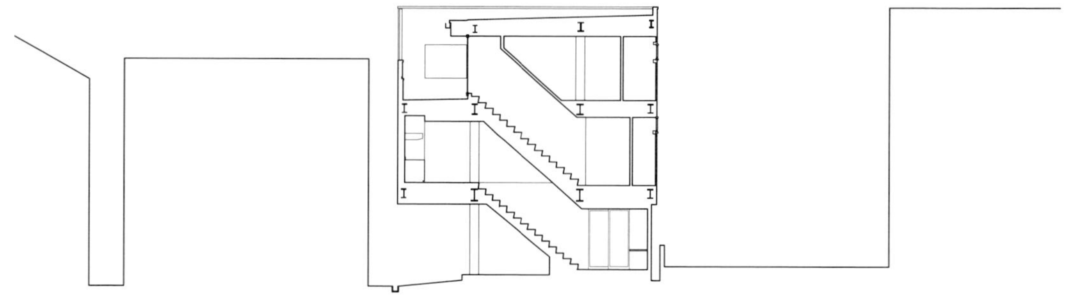

南 - 北断面図　1/250

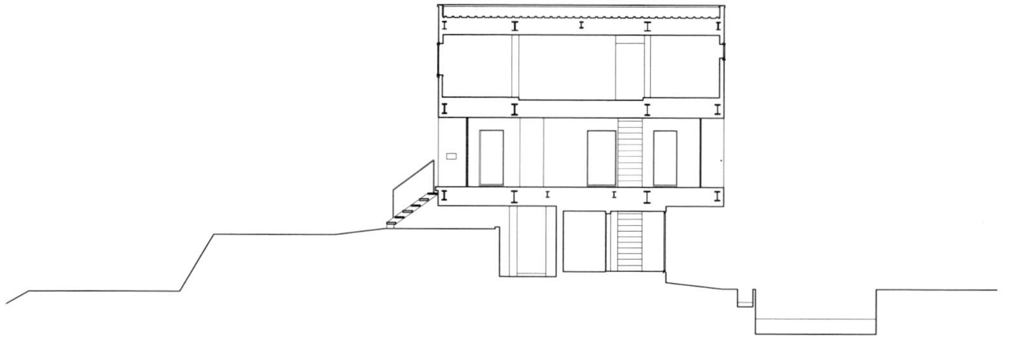

西 - 東断面図　1/250

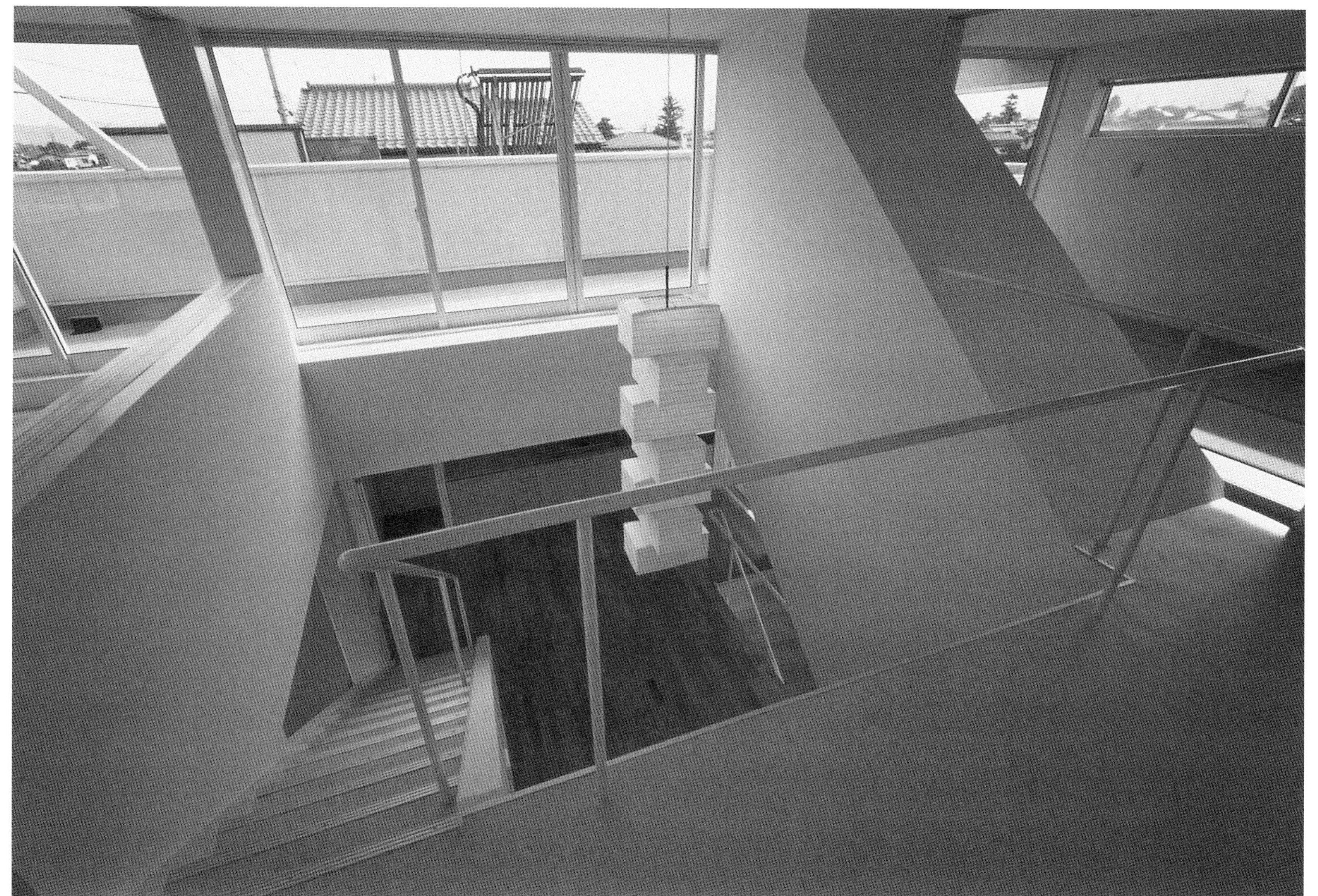

02　対屋の家

建て替えのプロセスを計画する

3 世代が同居する農家のための住宅である。設計に先立ってまず重視した点は、計画対象であるこの敷地全体が、8 人の住まいであると共に、農業を日々継続して営むための拠点でもあることから、日常生活と生産活動に支障をきたさないためのスムーズな建て替えの順序をどう組むかであった。具体的には、まず車庫として使われていた旧倉庫の北半分を解体し、そこに新しい母屋を建て、次に旧母屋を解体し、そこに新たに倉庫兼作業場を建てた。最後に旧倉庫を解体してそこを庭とした。最終的には、広い中庭を中心として北側に母屋、南側に倉庫がほぼ並行して対置するプランとなった。各々の建て替えは短い農閑期に進められ、トータルで 1 年半の過程であった。

母屋である住宅本体は、敷地北側に沿って東西いっぱいに建つ。建物の外形は、東西間口約 23m、南北奥行約 5.8m の細長い単純な箱型である。箱を支える架構として 1.8m 間隔で柱梁を門型に連ね、外壁及び北側収納部の間仕切り壁が横揺れに抵抗している。建物の外壁は、東西北面を断熱サンドイッチパネルによって閉鎖的に覆い、対照的に開放的な南壁面は全面板張りとして中庭の景観に寄与している。また南面には 1.4m 幅の軒先が連続して、一部ベランダを支えている。一方建物内部は、敷地の高低差（約 1.2m）を吸収するかたちのスキップフロアとなっている。1 階に個室群と浴室、2 階に食堂と居間、

東立面図　1/250

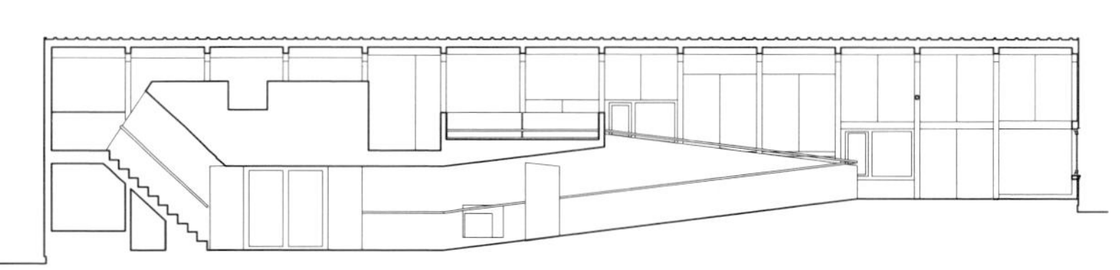

西 - 東断面図 1　1/250

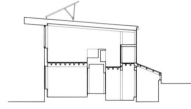

南 - 北断面図 1　1/250

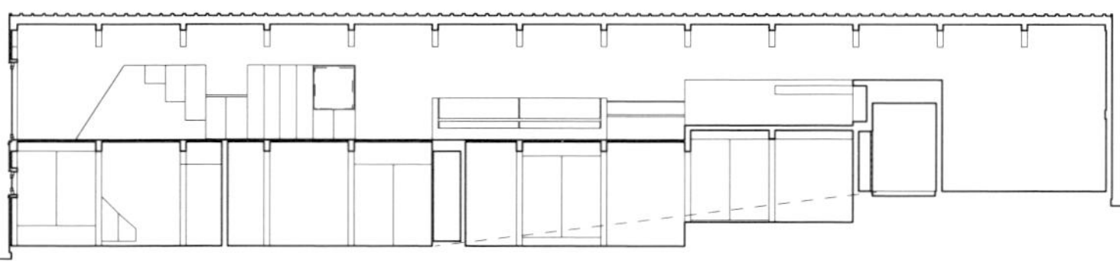

西 - 東断面図 2　1/250

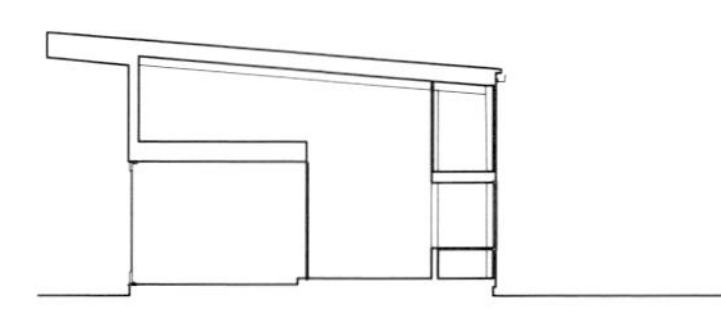

南 - 北断面図 2　1/250

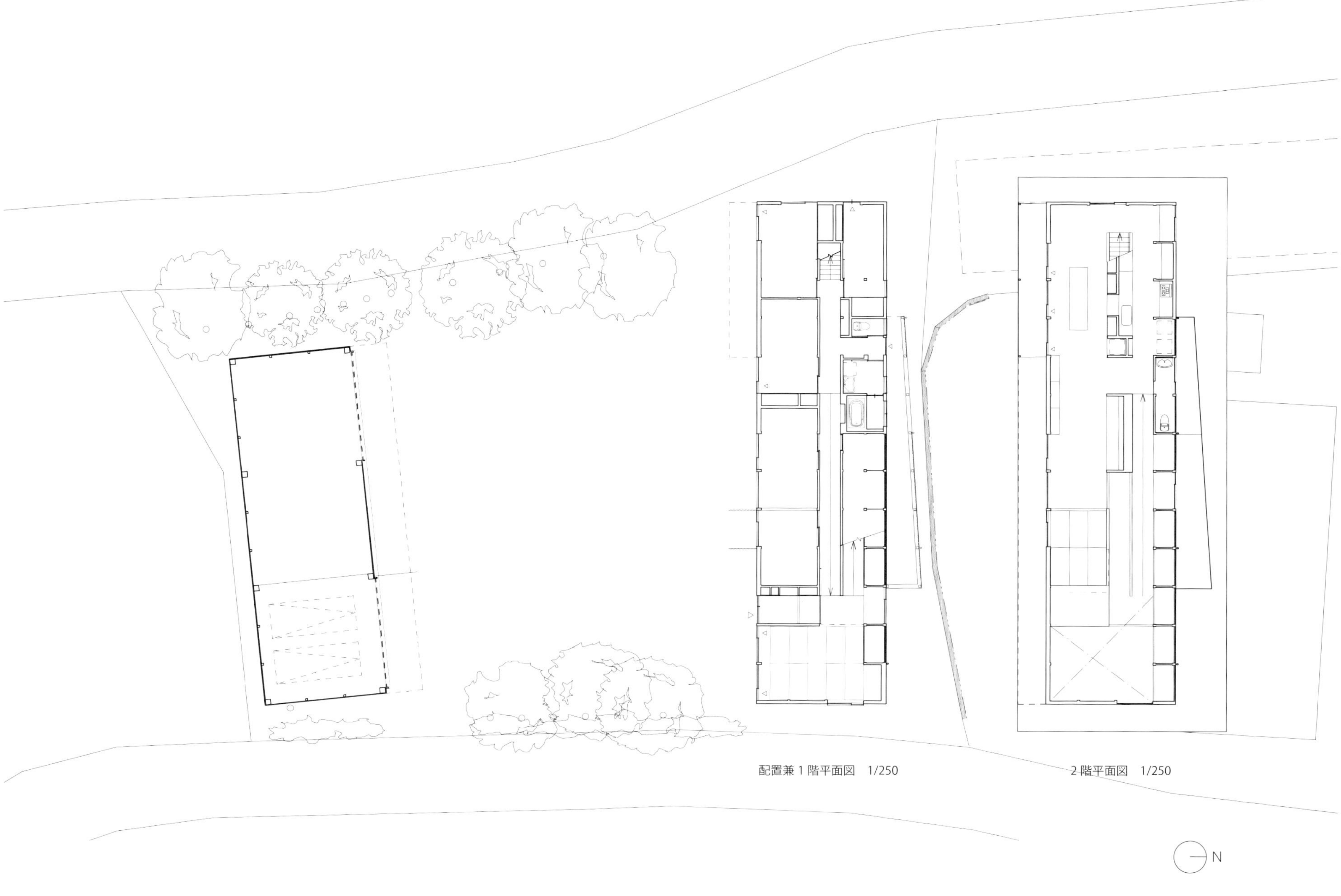
配置兼１階平面図　1/250
2階平面図　1/250
N

東側中間階に玄関と広間（和室）がそれぞれ配され、相互のフロアは 1/8 勾配のスロープによって連結されている。個室を除いた各スペースは、床の高さと素材によってのみ区切られており、ひとつの立体空間の中に多様な場所が緩やかに展開する構成となっている。
夏冬及び昼夜の寒暖差が激しいこの地域にあって、安定した室内環境をより経済的に維持するための対策として、この住宅では、高気密化・高断熱化を前提として設計を行った（C 値＝ 0.82㎠ /㎡、Q 値＝ l.77kcal/㎡）。気密性能を上げることで、床下や屋根裏を含めた室内空気の流れをコントロールすることができ、気積の大きな空間全体の温度は季節を通じてほほ一定に保たれている。また熱エネルギーは全て電気でまかなわれ、屋根面には太陽光発電パネル（約 5kw）が並べられている。

配置図　1/1000

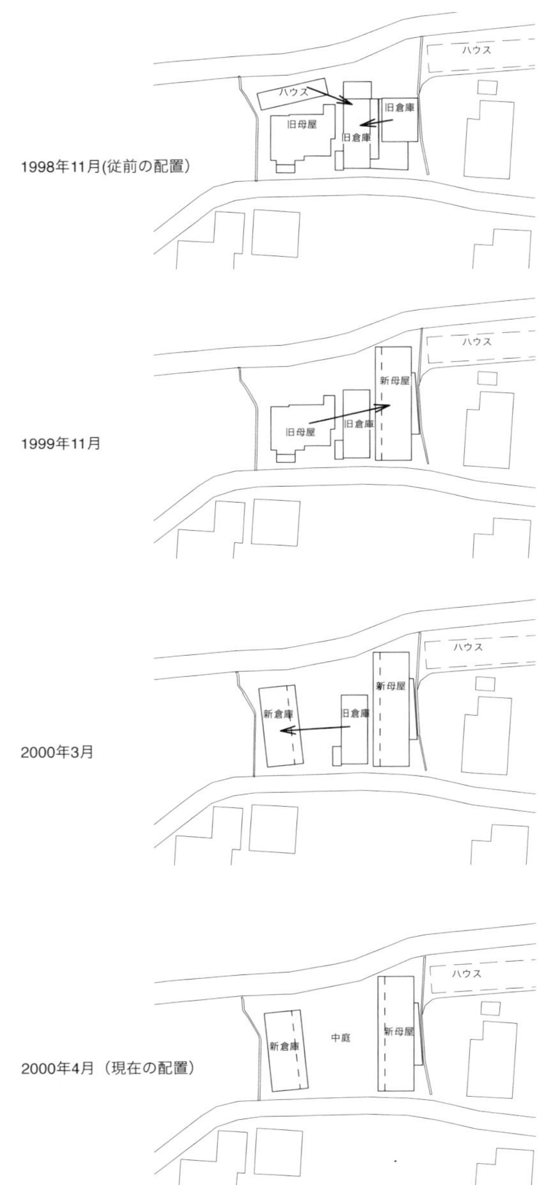

建替えプロセス

03　ラセンの家

周辺環境から住宅内へと続く旋回階段動線

板橋区の地形は、南部の高台である武蔵野台地と北部の荒川沿い低地に大別されるが、この住宅の敷地は、その境界面である崖地上に位置している。比較的古く宅地造成されてできた急斜面の街並みは、安アパートの窓から干された洗濯物や不規則な路地裏階段などと相俟って、建主の印象からすると＜南イタリアの豊かな風景＞を連想させる。
敷地は、そうした街並みを上り詰めた行き止まりの旋回広場に南面しており、東西面を既存の住宅に挟まれ、北側は十数メートルの崖となっている。こうした立体感のある特殊な周辺環境に対して、建物自身をうまく呼応させることで、豊かな住環境を享受する住まいをこの場所につくることができないかと考えた。
最上階からの眺望を得るために、建物の高さを周囲より頭一つ突き出させ、さらに駐車スペースと低層部への通風の点から、左右に隣接する住戸との壁面距離を十分に空けた。その結果、建物は周囲から孤立したミニタワーのような自立した形状となっている。
建物の中心部には、住宅規模のわりには大きめの螺旋階段がセットされている。さらにこの階段には、犬猫を含めた住まい手の全てに対してストレスのかからぬよう、緩い勾配と十分な幅をもたせてあるため、踊り場の箇所を全て省略することが可能となった。この豪華な螺旋階段によって平面的に 4 分割された室内は、それぞれ約

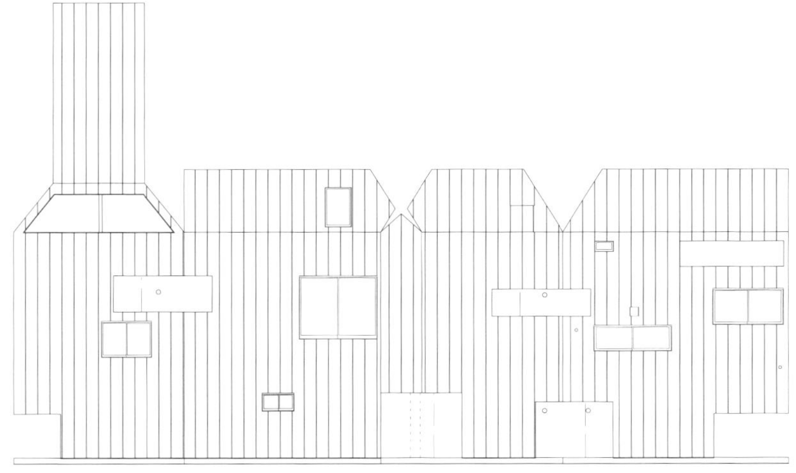

立面展開図　1/250

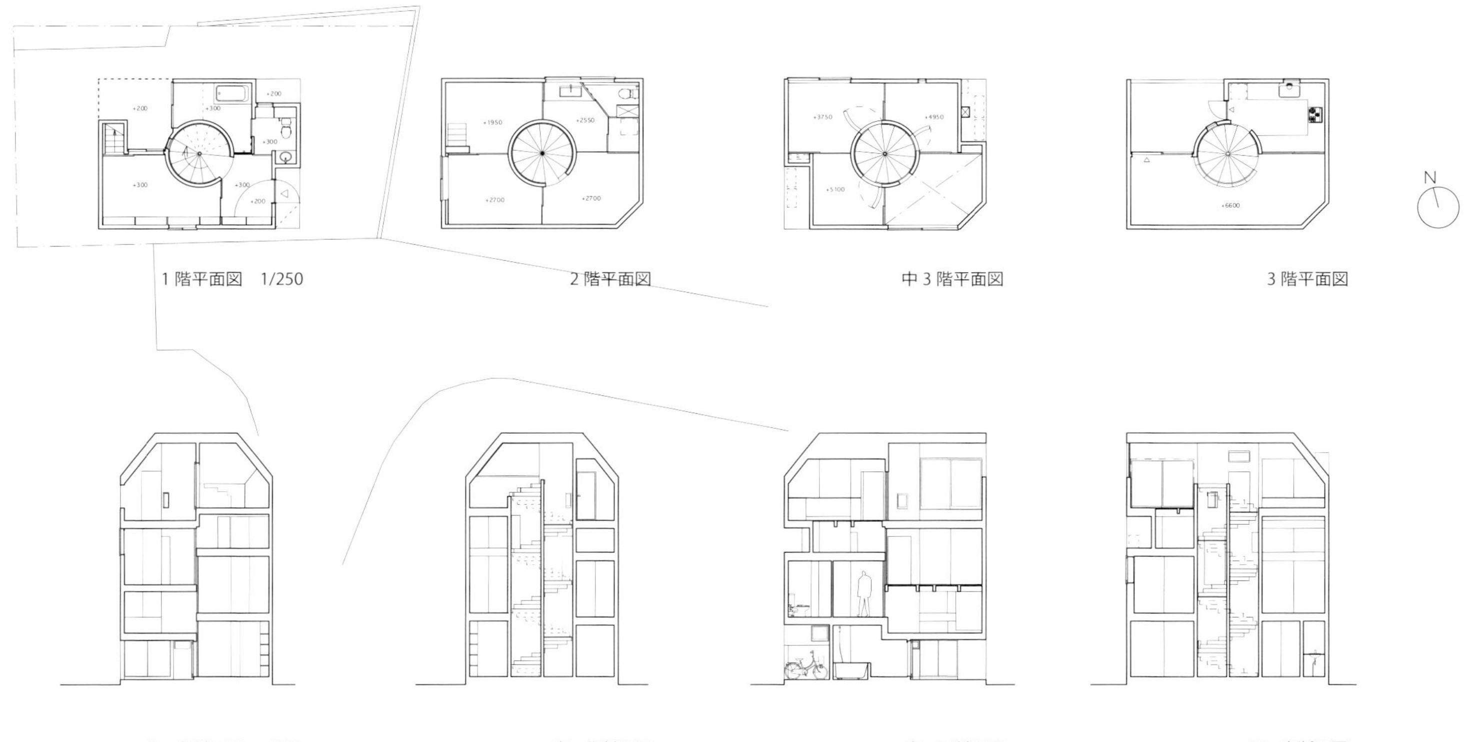

1 階平面図　1/250　　2 階平面図　　中 3 階平面図　　3 階平面図

北 - 南断面図　1/250　　南 - 北断面図　　東 - 西断面図　　西 - 東断面図

6畳に満たない広さの部屋の集合となるが、部屋どうしを区切る壁のほとんどが取り外し可能な引き違い建具となっているので、各部屋は狭さをさほど感じさせないものとなっている。
各部屋の床のレベルは、個々の用途に最低限必要とされる天井高に対応する形で、階の形式に縛られることなく設定されている。その結果、隣接する床相互に半端なレベル差が生じており、部屋に付属する押入を開けるとその向こうに部屋がさらに続いていくような感覚と遭遇する。

配置図　1/1000

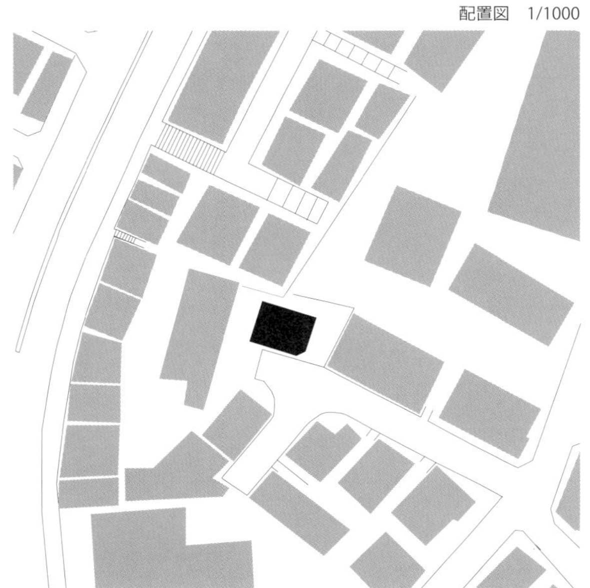

04　福浦ハウス

集落内に展開する立体路地を庭で繋ぐ

真鶴半島の付け根に位置する福浦集落は、漁港を中心としてすり鉢状を成し、港へと至る唯一の車道の両脇の急斜面沿いに民家が散在し、それらを繋ぐ歩道（＝みなし道路）が石積みの擁壁と階段と共に複雑に展開している。狭い道幅と段差によって車でのアクセスが不可能な民家が多く、そのため（高齢者ではなく）若者世代は、緩斜面でアクセスの良い周辺地域へ新居を建てる傾向にある。近年では集落の中心部の高齢化と空洞化が進み、空き家の増加や古い家屋の解体が目立つようになった。

改修した住宅は、すり鉢状を成す集落内の東側斜面のほぼ中腹に位置している。コンタに浴って平らに開拓された細長い敷地は、西側の擁壁と東側の歩道に挟まれて耳たぶのような形をしている。1963 年に地元大工によって平屋の木造家屋が新築され、16 年後の 1979 年に 2 階部分と 1 階の和室が増築された。2 階のベランダからは海から山へと続く集落全体が一望できる。しかしこの住宅に辿り着くには、真鶴駅と漁港を結ぶ集落内唯一の車道から約 100 段の石段を登らなければならない。特殊な周辺状況とは対照的に、建物の外観は切妻屋根が 2 段重ねになったバナールな形状で、棟を漁港のある南に向けて西面に玄関があった。玄関ポーチの脇の私有の階段は公共の階段に連結し、そのまま車道へ降りて駅や港へと続く。

みなし道路に面する敷地であるため、建物のヴォリュー

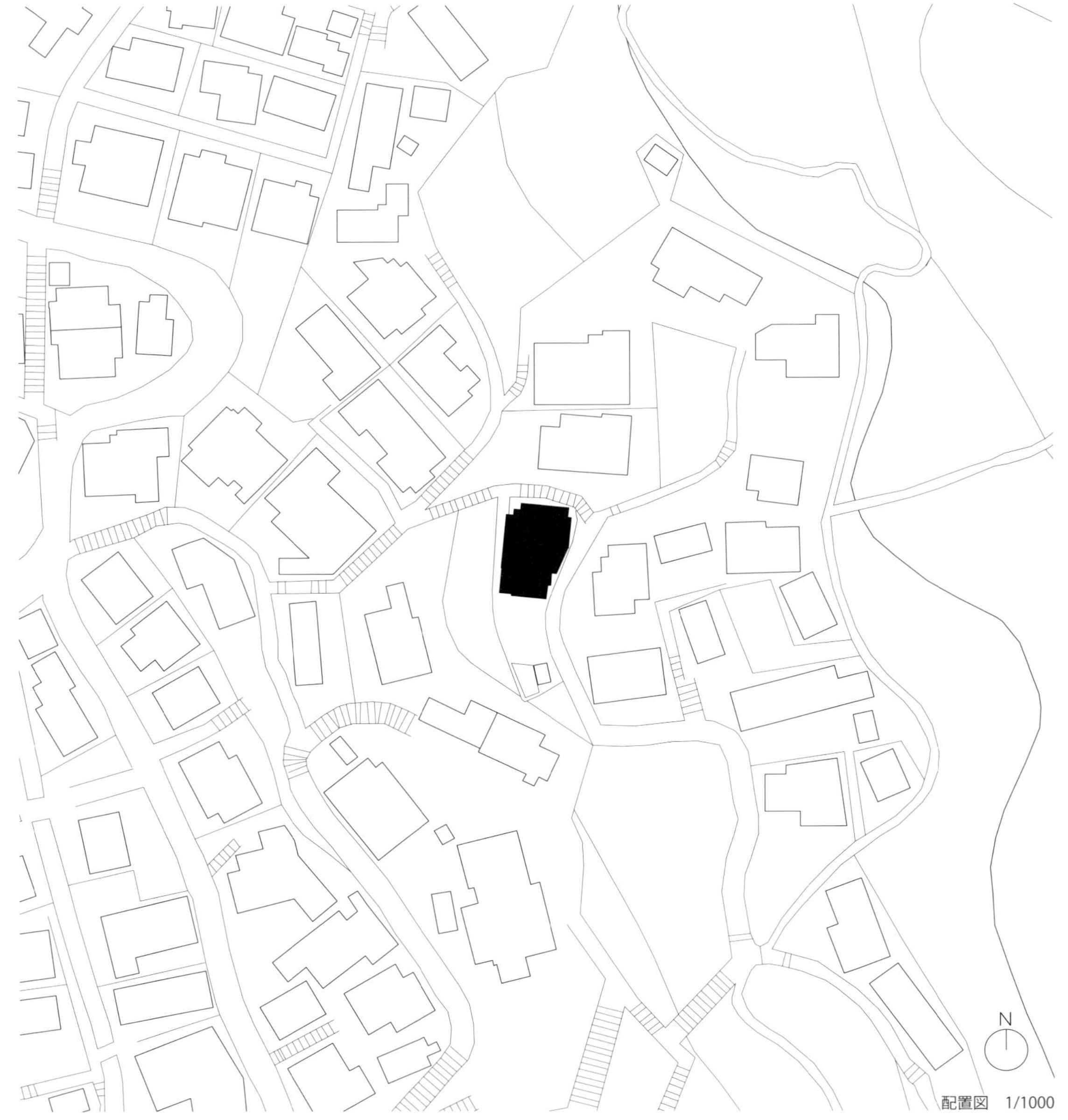

配置図　1/1000

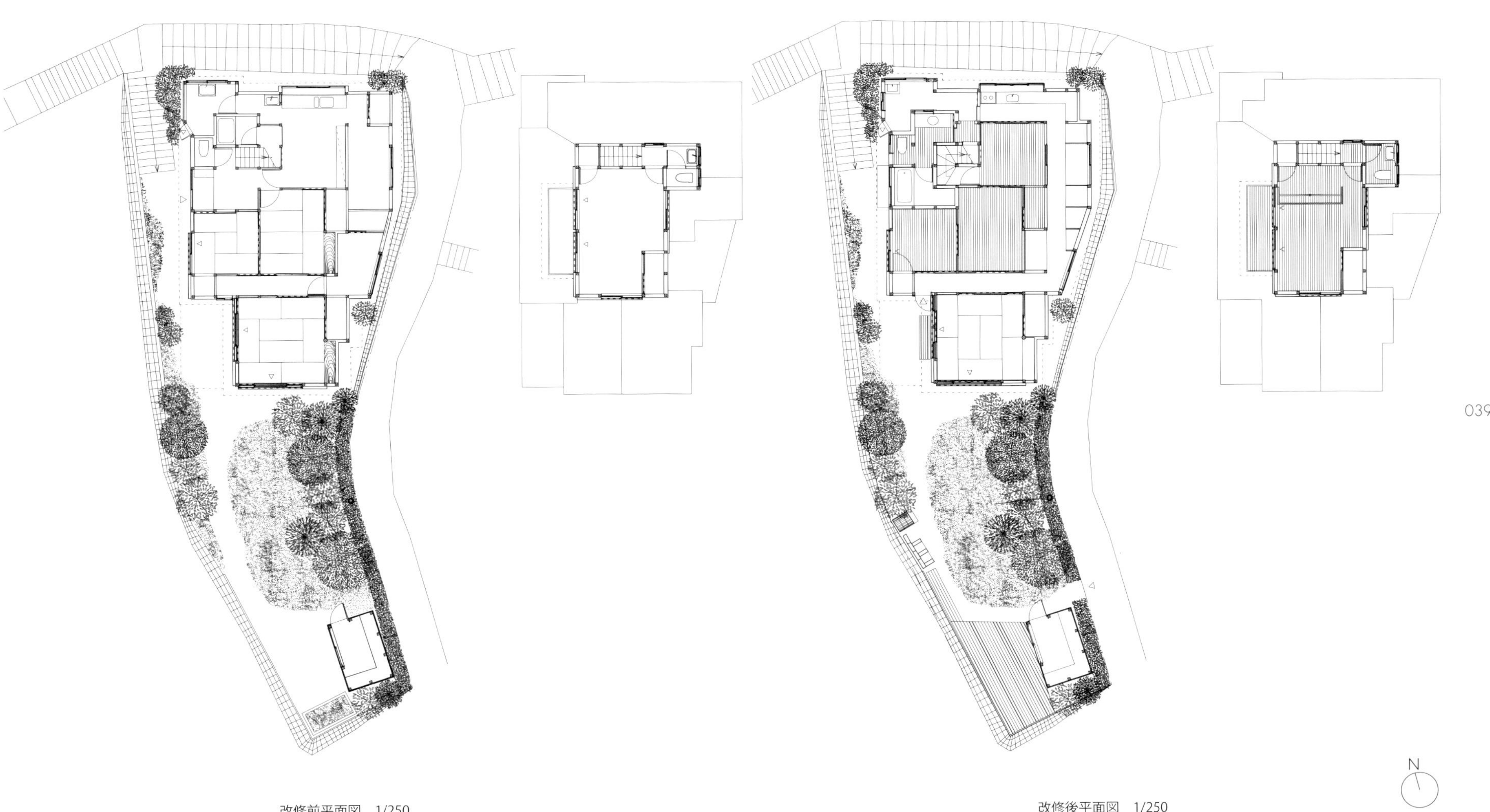

改修前平面図　1/250

改修後平面図　1/250

ムの大きな変更は制度上困難である。内部の改修において、老朽化の激しい１階の床（仕上げ及び床下）と水回り（トイレ、浴室、キッチン）の改修が最優先され、その改修に付随する工程などを考慮してプランの変更がなされた。例えば､既存の浴室や便所をそのままにして、別の場所に新たな浴室を設けることで、建物が作業宿泊所（＝飯場）として常時機能することになる。

全体のプランは、玄関を中心とするホール型から、新設した通路状の土間を中心とする廊下型へと改変された。すなわち、既存の４つの部屋と新たな水回りはそれぞれ土間通路に直結し、互いに独立性を高めることで多人数が同時に宿泊できるようになっている。

またこの土間通路は、南面に新設した玄関ドア、西側下屋部分の収納スペース、北側のキッチン、そして既存の勝手口を蛇行して繋げており、モルタル仕上げであることで建物内外での活動の連続性を担保している。プランの変更で玄関の位置が西から南へと大きく変わったが、そのことで周辺環境あるいは集落全体に対する建物へのアプローチも変化した。

元々の玄関は、車道や駅へ続く階段の延長として最も効率のよい位置に設置されていたが、改修により既存では家の奥にあった庭が前庭となり、その庭先に新たなゲートを設けることで、裏側にあったスロープ状の歩道が漁港へと至る主たる動線となる。それに伴いオモテとなった小さな展望台のような庭が、除々に他者を招き入れるようになれば、集落全体の活性化にも繋がっていくことになると考えている。

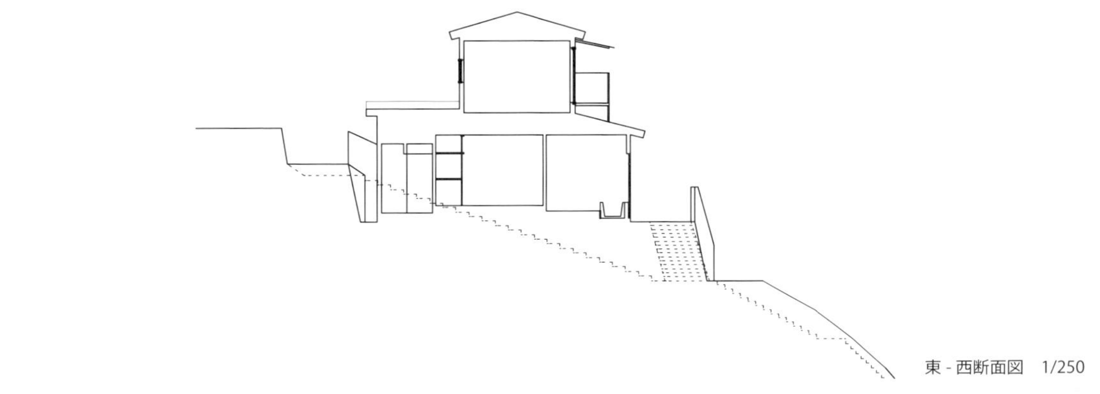

東 - 西断面図　1/250

注1：フェアチャイルド邸（Sherman Fairchild House, 1941）
アメリカのデザイナーであるジョージ・ネルソン（George Nelson, 1908-1986）と建築家ウイリアム・ハンビー（William Hamby, 1902-1990）が設計したニューヨーク・マンハッタンのミッドタウンの一角に建つタウンハウス。施主は、航空カメラを発明し事業を拡大したシャーマン・フェアチャイルド。間口25フィート、奥行100フィートの短冊型の敷地形状を生かして、1階から3階までをスキップフロアによって全てスロープで繋げている。

注2：ミュラー邸（Muller Villa, 1930）
建築家アドルフ・ロース（Adolf Loos, 1870-1933）がプラハ郊外に建てた邸宅。緩やかな斜面地に沿って、複数の室空間を互いにスキップしながら積み上げ、全体を1つの単純なヴォリューム内に収めた、いわゆるラウムプランと呼ばれる設計手法が明快に読み取れる。特にリビングルームから階段を上ってダイニングルームへ至る動線と、リビングルームから婦人室を通り上階へ至るサブ動線が、複雑なラウムプランの構成を成立させている。

注3：ルイ・カレ邸（Maison Louis Carré, 1959）
建築家アルヴァ・アアルト（Alvar Aalto, 1898-1976）がフランスの美術商のためにパリ郊外に設計した別荘。広大な敷地全体の傾斜を吸収する形で建物内の床に段差をつけている。その段差の周りに大きな暖炉と小さな図書室があり、図書室の内部はスキップフロアとなって通り抜けができるようになっている。

コラムI　住宅とその周辺をつなぐ動線

建築における動線には2つの意味がある。1つは、人や乗り物が動き回る軌跡（＝LOCOS）としての動線であり、もう1つは異なる場所や空間を繋ぐ経路（＝PATH）としての動線である。ある地点に人間が立ち、そこから別の地点へと移動する場合、その軌跡を上から眺めると1本の線で描くことができる。こうした人の軌跡を具体的に描いたものが動線図（＝軌跡図）である。一方で、あるまとまりのある複数の場所や空間が存在する場合、人間に対してそれらの場所や空間間が移動可能であるかを線によって図式的に示すものも動線図（＝ネットワーク図）と呼ばれている。軌跡図は実態的な距離や位置関係をもつ線（ライン）で描かれるのに対し、ネットワーク図はスケールのない位相的（トポロジカル）な点と線分によって描かれる。我々は動線図を通して、建物の空間構造を抽象的に捉えることができる。

住宅のつくる動線

住宅において動線とは、一般に＜室＞と呼ばれる単位空間どうしを結ぶ人間（場合によっては動物）の経路であるが、1つの室の中において人間が動き回る軌跡でもある。閉じた室どうしを連結するものは扉や建具であり、ワンルーム内の動線を規定するものは壁や家具などである。一方で、建物の内部は建物の外部と必ず結ばれているが、建物の内部と外部を結ぶ場所は玄関や出入口などと呼ばれる。例えば住宅の内部動線がその外部へと拡張し、敷地の境界を超えて都市へとつながると、そこに住まいの拡張の可能性を見出すことができる。

「フェアチャイルド邸」（注1）は、短冊状の敷地全体の形を生かして、前面の建物と奥の建物を緩やかな斜路によって連結している住宅である。住宅内部にスロープという斜めの動線経路を持ち込むことで、グリッドフレームでできた都市空間への異化をもたらしている。

「ミュラー邸」（注2）の内部は複雑な動線によってできている。玄関ホールを入ったその先の階段を上ると、広いリビングルームに至るが、そこからさらにその上階に至る際に動線が枝分かれしている。1つは右手の階段を上がってダイニングルームを経由して行くメインルートで、もう1つは反対側の幅の狭い階段を上がって天井の低い婦人室を経由して至るサブルートである。段差のある床を繋ぐ際のこうした動線の枝分かれは、「ルイ・カレ邸」（注3）の図書室周りにも見ることができる。

「カップマルタンの休暇小屋」（注4）は、住宅周りのアプローチ動線がそのまま内部動線に滑らかに連続している。すなわち敷地のゲートから前庭、小屋の入口、内部通路、机、椅子に至るまで、その軌跡が平面螺旋状に描かれることで、環境から身体へのスケールダウンを図っているように見える。

「カーロとリベラの家」（注5）は、3階建ての2つの住宅を屋上階のブリッジで繋げ、独立する2つの住宅の間に1つのループ状の立体的なサーキュレーションが生まれている。隣り合う住宅どうしが上階で繋がれる例は、パリの住宅街に建てられた「ラ・ロッシュ＝ジャンヌレ邸」（注6）にもみられ、2つの家族が屋上テラスを共有して生活ができるようになっている。

注4：カップマルタンの休暇小屋（Cabanon de vacances, 1951）
建築家ル・コルビュジエ（Le Corbusier, 1887-1965）が彼自身と妻のために建てた南仏の小さな別荘。3.6m × 4.4m のほぼワンルームの建物は隣の既存レストランの外壁に支えられ、さらに敷地もそのバックヤードを借りたものであるが、敷地へのアプローチから自身のデスクへと至るスパイラル状の連続動線は、周囲の豊かな景観と相俟って、自立性の高い空間となっている。

注5：カーロとリベラの家（Rivera-Kahlo house, 1932）
メキシコの建築家ファン・オゴルマン（Juan O'Gorman, 1905-1982）が、ディエゴ・リベラとフリーダ・カーロの画家夫妻のためにメキシコシティに設計した住宅兼アトリエ。大小2つの独立した3階建の建物が、まるで夫婦が手を繋ぐように、屋上階のブリッジによって連結されている。

注6：ラ・ロッシュ＝ジャンヌレ邸（Maison La Roche et Jeanneret, 1925）
ル・コルビュジエ（前掲）が彼の兄アルベール・ジャンヌレ氏とスイスの銀行家ラウル・ラ・ロッシュ氏のために建てた、セミ・デタッチドタイプの3階建2世帯住宅。大きな街区の中央部を占める旗竿状の敷地内にあり、現在はコルビュジエ財団の事務局とそれに付随する住宅博物館となっている。

注7：ルイジアナ近代美術館（Louisiana Museum of Modern Art, 1958-）
コペンハーゲンの北 35km にある海辺に面した美術館。デンマークの実業家イエンセンが、自邸を改装して小さな私立美術館としてオープンさせ、1991 年の地下回廊が完成するまで、度重なる増改築を経て現在の回遊式の展示ギャラリーとなった。各建物の外観や展示空間に一貫性がなく、行き当たりバッタリの平面計画のように見えるが、そのことで周辺の景観に溶け込んだ、ランドスケープと一体となった柔らかな施設となっている。

注8：シャルル・ド・ゴール国際空港第1ターミナル
（Aéroport de Charles de Gaulle Aerogare 1, 1974）
建築家ポール・アンドリュー（Paul Andreu, 1938-2018）設計によるパリ郊外にある国際空港。メインビルディングのドーナツ型の外観、外周を取り巻く自動車専用道路、ドーナツの中心に飛び交う空中エスカレータ、7つのサテライトビルディングへ放射状に伸びる地下スロープ通路など、これらは全て人とモノの移動距離の効率化に基づいて設計された結果である。唯一の弱点は拡張化が困難なことで、その役割は他のターミナルビルが引き受けている。

建築の動線

一般的な施設建築において、建物の規模が拡大しプログラムが複雑化することで、動線はより複雑で立体的・機械的なものとなる。建物内に居合わせた様々な人々が、それぞれの目的に沿ってスムーズに移動できるように、動線の合理化が図られるとともに、非常時における人々の建物外部へ至るスムーズな動線、いわゆる避難経路も設定される。

「ルイジアナ近代美術館」（注7）は、度重なる展示空間の拡張によって、現在では全体として、巨木の茂る広い中庭を囲んだ大きなループ状の屋内展示空間となっている。エントランス、展示コーナー、ワークショップスペース、カフェなどが全て動線の一部になっているのと同時に、それぞれの空間には意匠的にそれぞれ独自性がある。さらにその回遊性のある内部動線とともに、中庭を横断する屋外動線のネットワークの存在が、美術館全体の空間をより豊かで複雑なものとしている。

「シャルル・ド・ゴール国際空港第1ターミナル」（注8）は、今から半世紀前に設計された空港施設である。この建物の最大の特徴は、クルマで空港に到着してから飛行機の搭乗へ至るまでの動線のシークエンスである。円筒形のメインビルディングの1階でチェックインを終えた搭乗者は、ビル中央の円形中庭を斜めに貫通する中空エスカレータを登って検問所を通過し、長く続くトンネル状の動く歩道を通って、サテライトと呼ばれるガラスの建物に至る。飛行機からの到着客はその逆のルートを経験する。飛行機の地上動線と乗客の動線を立体的に交差させている点と、出発客と到着客の動線分離を空中エスカレータによって処理している点などが、他の空港では見られないコンパクトかつダイナミックなシークエンスをつくったといえる。

ロッテルダムの「クンストハル美術館」（注9）では、盛土の上につくられた幹線道路とその脇の低地に広がる都市公園とを連絡する動線を、建物内の展示ギャラリーによって立体的に展開させている。建物内には、幅広の階段やスロープ、斜めの柱などが一見脈絡なく配されているように見えるが、実際に建物を回遊することで、平らな国土に対比するような斜面空間を経験することができる。

都市空間の動線

都市空間における動線といえば、様々な人々が個別の目的で、建物から別の建物へ至るための通路のネットワークであり、それは一般的に公共で人々に開放された空間となっている。「ノリの地図」（注10）でいえば白い領域の部分といえよう。建物内の動線が主に人間の移動のためのものであるのに対し、ある程度の規模をもつ都市における動線は、人間（＝歩行者）に加えて人間以上のスピードをもつ機械（＝クルマや自転車など）との共存が不可欠となる。そのため、動線の向き（＝方向性）の制御や動線の分割、動線の交差や合流といった、複雑な問題が生じる。

長野県の「小布施町」（注11）の中心部は、歴史ある建物群が密に配された中に、歩行者用の動線が張り巡らされた地域で、質の高いヒューマンスケールの都市空間が構成されている。その中には一般の民家も混在しているのだが、いくつかの住宅の屋敷内のプライベートな庭を一般の人々に対して動線的に開放させている。行き止まりの通路の先にある屋敷の裏口の扉を開放し、民家の庭の中に敷かれた飛び石を渡ってその先の裏口から

注9：クンストハル美術館（Kunsthal, 1992）
建築家レム・コールハース（Rem Koolhaas, 1944-）の設計によるロッテルダムの美術館。市内中心部の公園内に建っており、幹線道路から公園へ至るゲートのような役割を持っている。ほぼ正方形の平面の建物であるが、内部では階段や斜路が多用された回遊動線を構成し、斜めの柱や波板を用いることで、建物全体が現代アートのような様相を呈している。

注10：ノリの地図（Nolli map of Rome）
イタリアの建築家ジャン・バティスタ・ノリ（Gianbattista Nolli, 1701-1756）により作成された18世紀当時のローマ市街の地図。街路や広場といった場所を白、建物を黒で塗り分けているが、よく見ると、パンテオンの内部や教会の内部などは白色となっており、建物の内外を問わず、一般の人々が無条件で行ける領域、すなわち公共スペースを白く示していることがわかる。

注11：小布施町（Obuse Town）
長野県の北部にある人口約1万の自治体。葛飾北斎を始め歴史的に多くの文化人が交流した町で、こうした遺産を現代に生かしたまちづくりが市民主導で積極的に行われている。その取り組みの1つとして＜おぶせオープンガーデン＞が2000年からスタートし、個人の庭園を一般町民や観光客に公開・開放することで、新たな観光ルートのネットワークが形成されている。

注 12：サン＝ポール村（Le Village Saint-Paul）
パリ 4 区に残るフィリップ・オーギュストの壁に隣接する一街区。1980 年代に街区全体が再整備され、公共性の高い明るい広場をもつ新たな街区へと生まれ変わった。街並みをほぼそのまま保存しながら、街区の内側に公共スペースをつくるこの再開発手法は、他の歴史的街区の再開発の手本とされた。

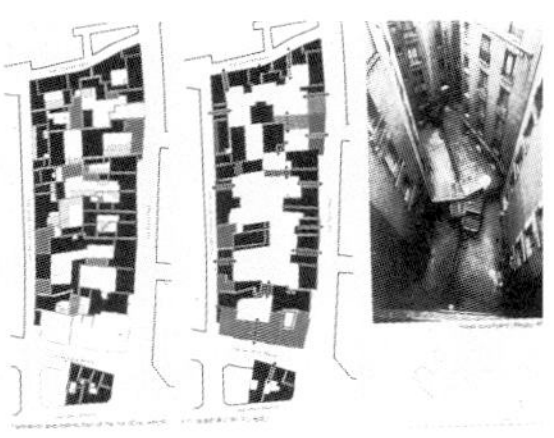

注 13：アーメダバード（Ahmedabad）
インド西部のグジャラート州の人口約 600 万の都市。ガンジーの生誕地であるとともに、階段井戸（step well）やコルビュジエの設計した建築などがあり、多くの観光客が訪れる。サバルマティ川の東岸の旧市街には低層の集合住宅が軒を連ね、迷路のような通路が張り巡らされている。

注 14：ザルツブルク（Salzburg）
オーストリアにある人口 15 万の都市。旧市街はザルツァッハ川西岸に位置し、南側の高台からは街の全貌が見渡せる。モーツァルトやカラヤンの生誕地でということで、ザルツブルク祝祭大劇場では大きな音楽祭が頻繁に開かれる。この劇場の大半は岩盤の中にあり、それに付随する駐車場も岩盤内にあるため、駐車場へのアプローチは旧市街の反対側にあり、そこから空港へ直結している。

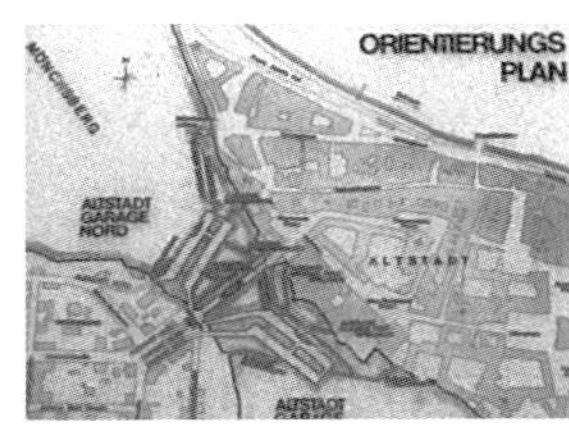

屋敷を出て、再び一般通路に至る。いわゆるオープンガーデンと呼ばれる小布施のルールである。

パリ中心部にある「サン＝ポール村」（注 12）と呼ばれる街区は、街路から閉ざされた街区建築のオープン化を目的に、街区の真ん中に存在していた狭い光庭を建物の一部を取り除くことで広く明るくし、街路に面する建物のいくつかにトンネル状のゲートを設けて、その中庭を公共空間に変換させた再開発街区の典型である。街区を貫く動線という意味ではあのパサージュと同様であるが、ここではそれが小さな広場となっている点が特徴である。ちなみにサン＝ポール村の北側に隣接するサン＝ポール・サン＝ルイ教会の内部は、教会裏側の行き止まりの小道から大通りへと至るための秘密の動線として使用可能である。

インドの「アーメダバード」（注 13）の旧市街は、複雑な迷路空間が緩やかな斜面状の大地の上に展開している。屈曲したメインストリート沿いには低層の集合住宅が軒を連ね、チャイの屋台の周りに人々がたむろしている。一見してこの建物群は無秩序に連続しているように見えるが、実はポルと呼ばれる街区単位を形成し、街路に沿って各ポルに 1 つの表門、その奥には細かい動線網が建物内外にわたって展開している。各ポルは建物の外壁などによってそれぞれ分断されているが、一番奥に 1 箇所だけ小さな裏扉があり、その裏口を通って隣のポルに行くことができる。

都市の交通ネットワーク

「ザルツブルク」（注 14）の都市構造は非常に興味深い。ザルツブルグといえば、モーツァルトの生誕地として毎年音楽祭が開かれる河岸に面した祝祭都市であり、一般観光客は旧市街を通って劇場の入口へと至る。劇場の一部は岸壁をくり抜いてつくられており、その劇場へは地下トンネル内の駐車場から直接アクセスできるようにもなっている。すなわち劇場へ至るための動線は、一般客用の開かれた地上動線と、特別客用の見えない地下動線に分かれているのである。

「チャンディガール」(注 15)はル・コルビュジエによる新州都建設にために計画された都市である。この新都市の驚くべき点は、幹線道路を走るクルマのスピードと居住街区の脇道を走るクルマや歩行者のスピードが、スムーズにギアチェンジが行われることで平面的に共存しているところである。インドではクルマは左側通行である。大街路の交差点は右回りのラウンドアバウト(＝ロン・ポワン)となっており、さらにそれぞれの街区に進入するためには左側のレーンからのみ可能であり、そこから左折を繰り返しながら徐々に幅員の狭い道路に入っていく。そのルールによって、交差点には信号機がほぼなく、それにもかかわらずクルマのスピードは徐々に歩行者のそれへと近似していき、最終的にはラドバーン形式による歩車道分離空間へと至る。

信号機のないこうした交通システムが都市全体に展開する環境は一見理想的な形に見えるが、それはクルマの交通量と大きく関係してくる。例えばパリなどの大都市内のいくつかの環状交差点(＝ロン・ポワン)では、そこを通過するクルマの量が増大すると一気に渋滞を引き起こしてしまうので、クルマの量を強制的に減らすか、各所に信号機を敷設しなければならなくなる。これは交通量のスケールが都市景観に変貌をもたらす事例の１つといえる。

注 15：チャンディガール(Chandigarh)
インド北部の都市。パンジャーブ州とハリヤーナー州の両方の州都である。建築家ル・コルビュジエ(前掲)が 1950 年代に計画した新都市で、今なお拡張中である。800m × 1200m の大街区はセクターと呼ばれ、第 1 セクターがキャピトルと呼ばれる行政地区である。都市全体を構成する道路は、移動のスピード等によって V1 から V8 まで 8 段階にランク付けされ、V3 が各セクターを区切る車道、V6 がセクター内の住居に面する道路となっている。ちなみに V7 は緑地帯にある歩行者専用道路、V8 は自転車専用レーンである。特にセクター 22 では道路の階層性を明快に経験することができる。

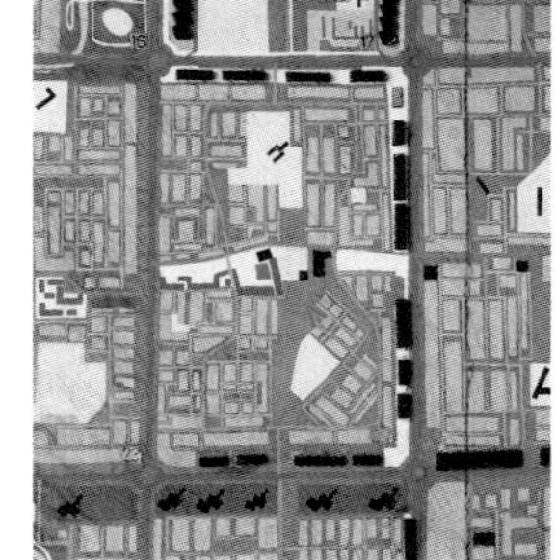

05
乃木坂（のぎざか）ハウス
OCTAGON house

→ p.066~069

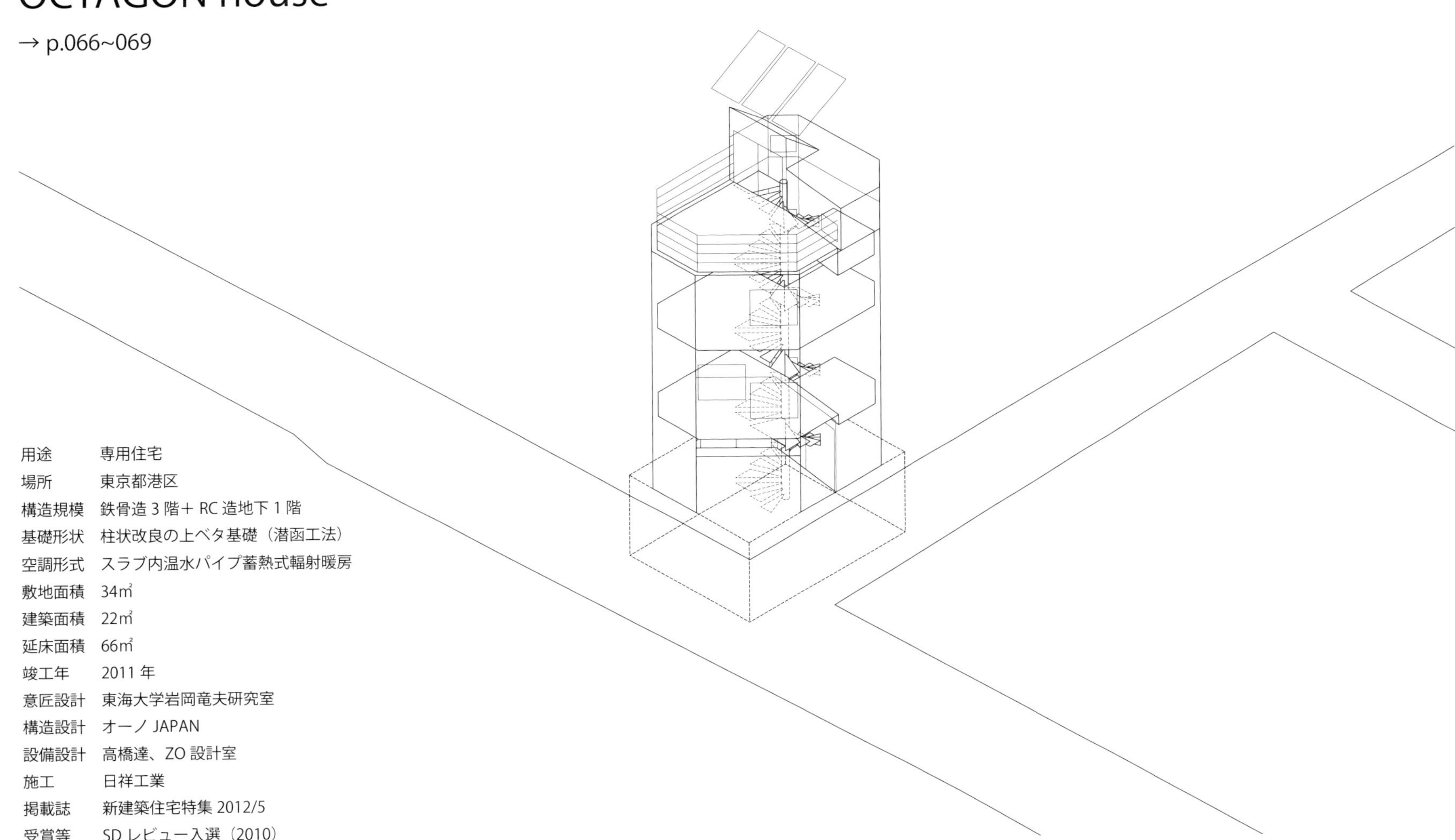

用途	専用住宅
場所	東京都港区
構造規模	鉄骨造 3 階＋ RC 造地下 1 階
基礎形状	柱状改良の上ベタ基礎（潜函工法）
空調形式	スラブ内温水パイプ蓄熱式輻射暖房
敷地面積	34㎡
建築面積	22㎡
延床面積	66㎡
竣工年	2011 年
意匠設計	東海大学岩岡竜夫研究室
構造設計	オーノ JAPAN
設備設計	高橋達、ZO 設計室
施工	日祥工業
掲載誌	新建築住宅特集 2012/5
受賞等	SD レビュー入選（2010）

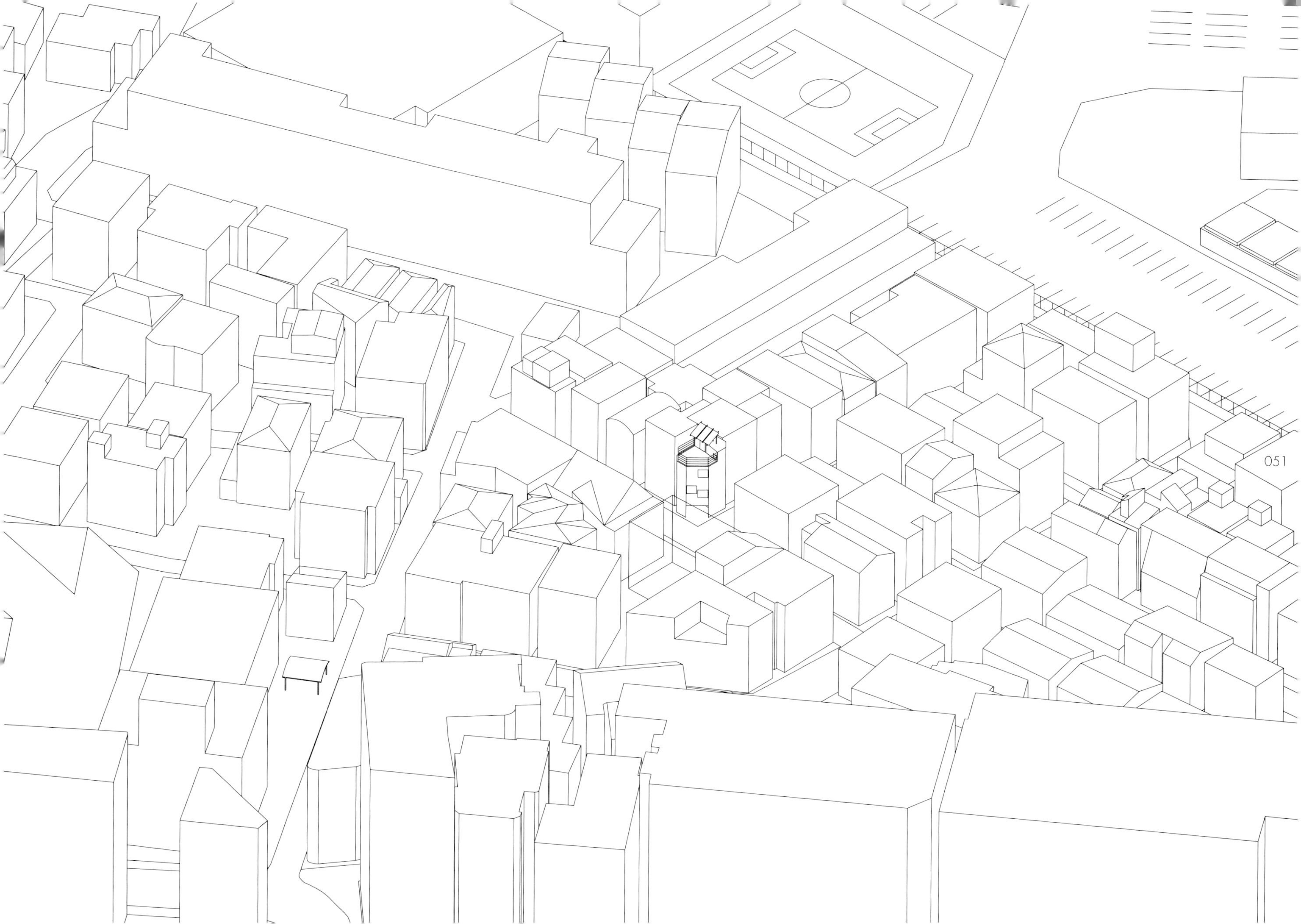

06
台形面（だいけいめん）の家
TRAPEZOID house

→ p.070~073

054

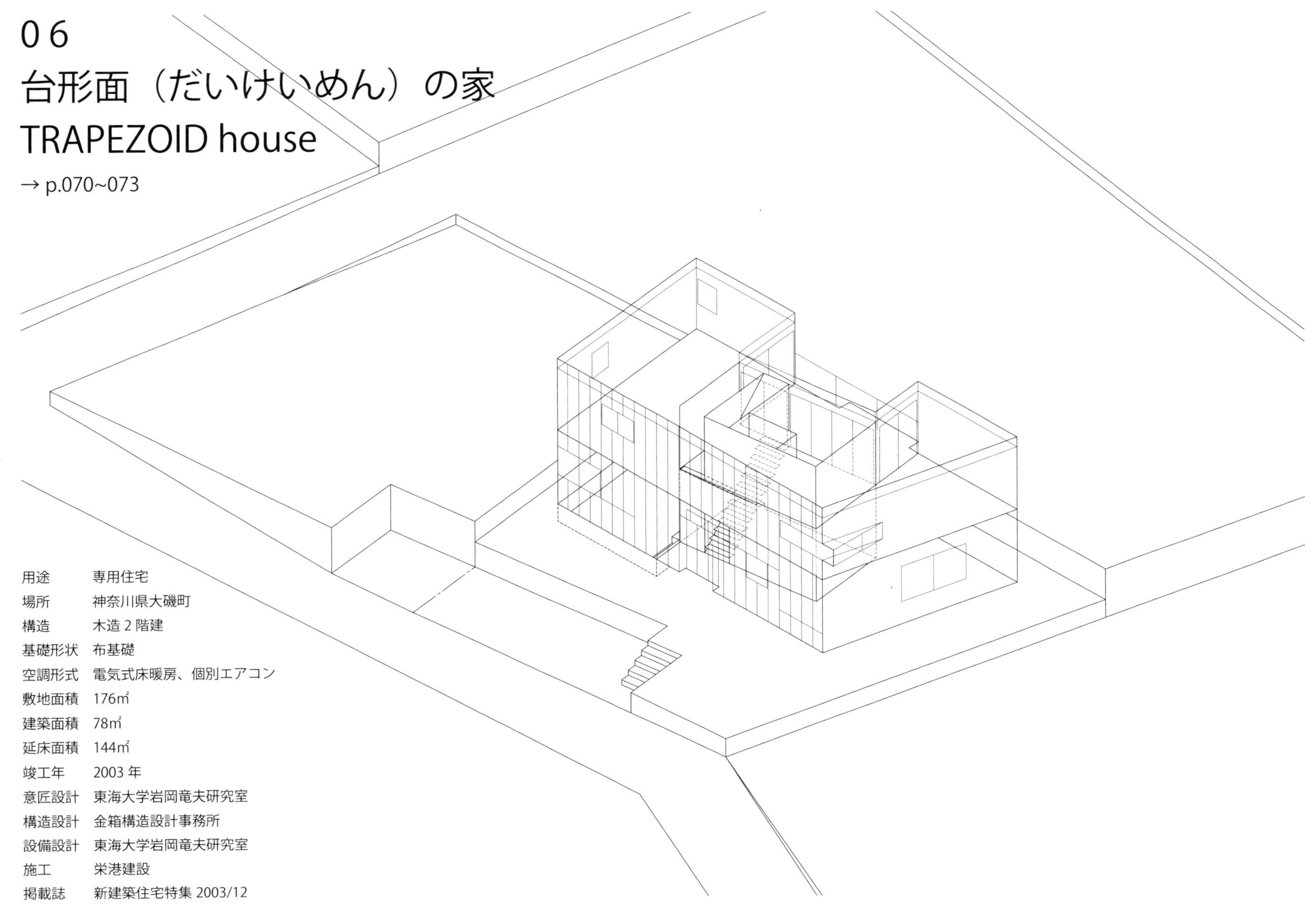

用途	専用住宅
場所	神奈川県大磯町
構造	木造 2 階建
基礎形状	布基礎
空調形式	電気式床暖房、個別エアコン
敷地面積	176㎡
建築面積	78㎡
延床面積	144㎡
竣工年	2003 年
意匠設計	東海大学岩岡竜夫研究室
構造設計	金箱構造設計事務所
設備設計	東海大学岩岡竜夫研究室
施工	栄港建設
掲載誌	新建築住宅特集 2003/12

07
中落合（なかおちあい）のスリットハウス
SLIT house II

→ p.074~077

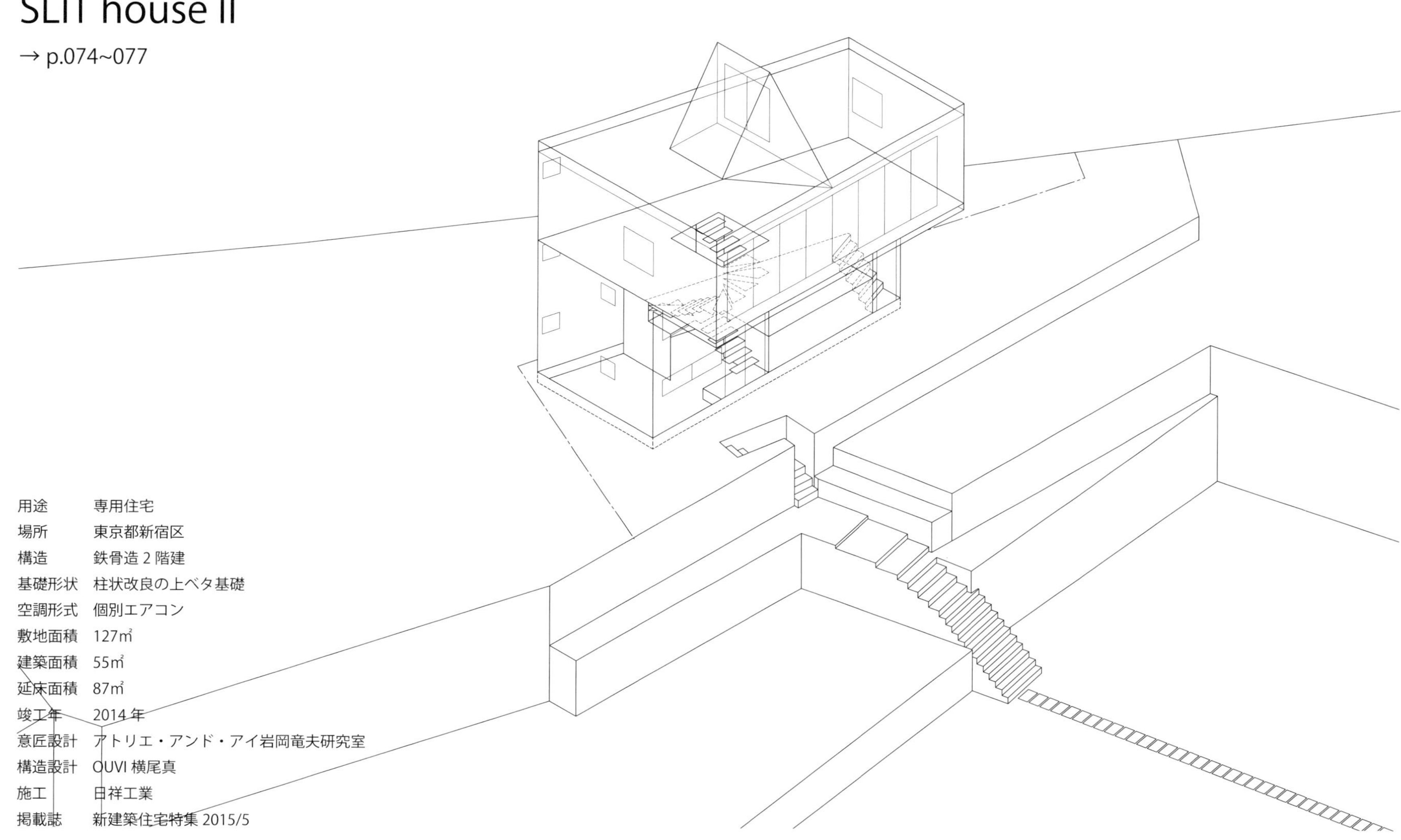

用途	専用住宅
場所	東京都新宿区
構造	鉄骨造 2 階建
基礎形状	柱状改良の上ベタ基礎
空調形式	個別エアコン
敷地面積	127㎡
建築面積	55㎡
延床面積	87㎡
竣工年	2014 年
意匠設計	アトリエ・アンド・アイ岩岡竜夫研究室
構造設計	OUVI 横尾真
施工	日祥工業
掲載誌	新建築住宅特集 2015/5

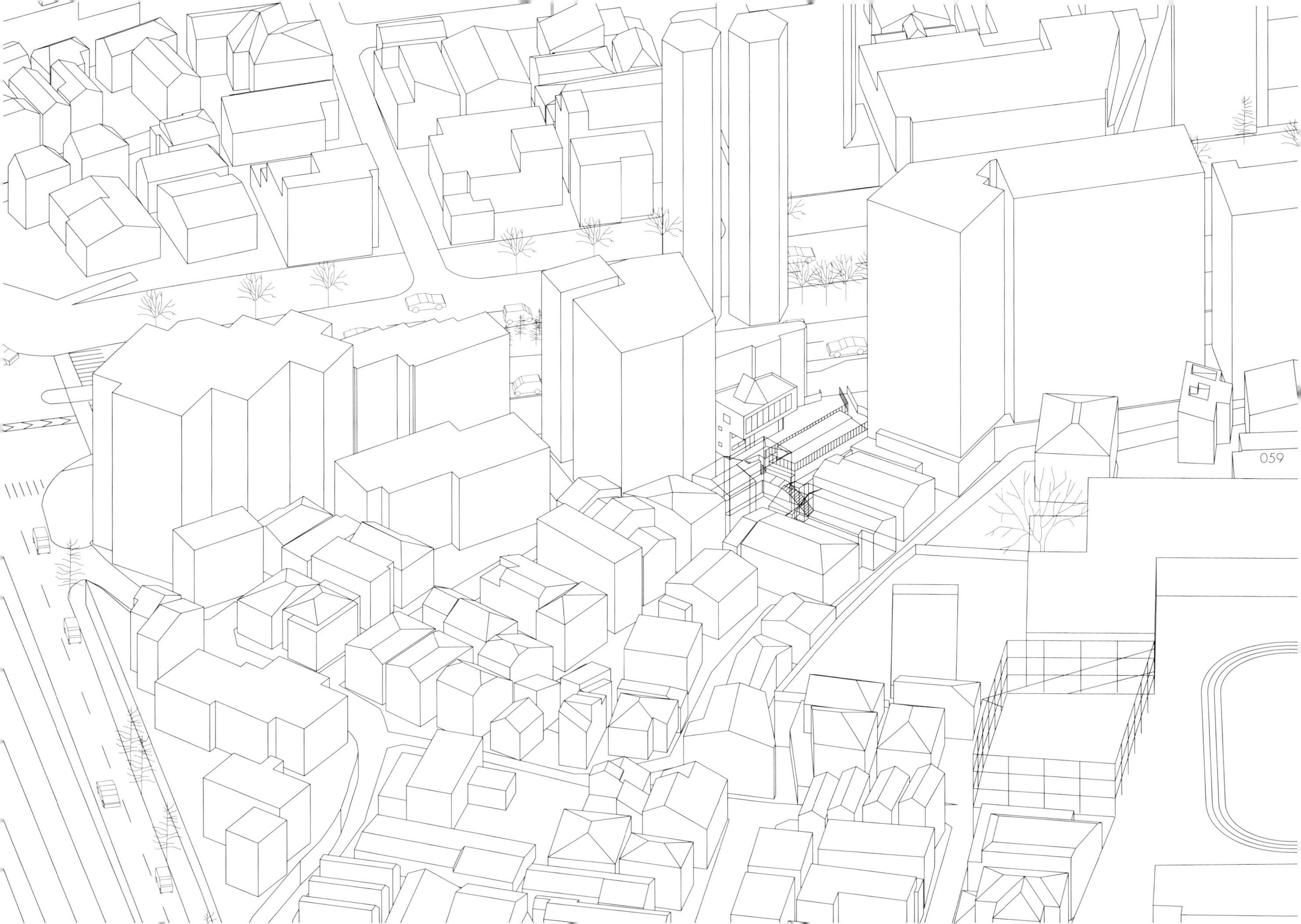
059

08
八丁堀（はっちょうぼり）のスリットハウス
SLIT house I

→ p.078~081

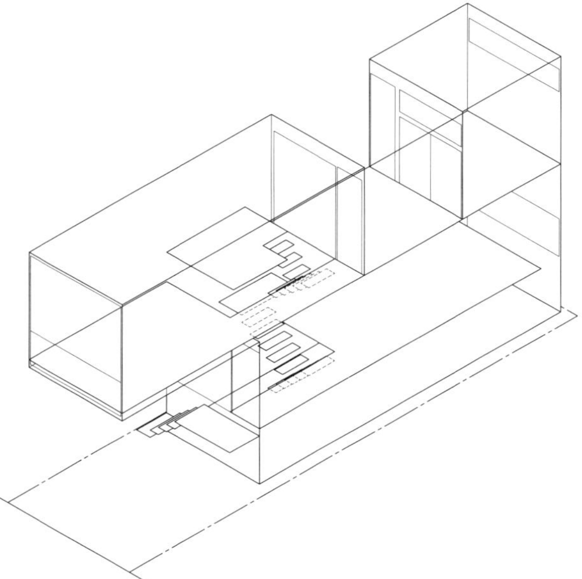

用途	専用住宅
場所	東京都中央区
構造	軽量鉄骨ブレース造 2 階建
基礎形状	鋼管杭の上ベタ基礎
空調形式	個別式エアコン
敷地面積	51㎡
建築面積	38㎡
延床面積	69㎡
竣工年	2001 年
意匠設計	東海大学岩岡竜夫研究室
構造設計	金箱構造設計事務所
設備設計	東海大学岩岡竜夫研究室
施工	日祥工業
掲載誌	住宅建築 2002/9
	Architecture a Vivre 2005/3
	『Tokyo Houses』（teNeues 2002）
	『街角のちいさいおうち』（東海大学出版会　2004）
受賞等	東京建築士会住宅建築賞（2002）
	イソバンド・イソッハ・デザインコンテスト入選（2003）

澤之鶴

05　乃木坂ハウス

街並みを透視する斜めの視線

ロラン・バルトは「東京の中心は空虚である」(『表徴の帝国』新潮社 1974）と述べたが、実際は無数の細かな戸建住宅群によって満たされているともいえる。そうした住宅街の一角にこの住宅は建っている。法令によるヴォリューム規制をなぞるように、近景には高さ 10m 前後の小建築、遠景には幹線道路沿いの高層ビルが、それぞれ統一された街並みに寄与するというより、個々に主張し合う表情を見せながら共存している。

約 10 坪の敷地は、幅 4m と 3m の区道が交差する角地に面しており、反対の隣地側は L 字型の 3 階建マンションに囲まれている。こうした狭小な土地（許容容積 160%）に対して、最大限の床面を確保するために、地下階、駐車場、床下収納、ペントハウスといったボーナススペースを建物内に組み込んだ。

矩形の土地の 4 隅をそれぞれ非建築化することで数地全体の 3 割のヴォイド（建蔽率 70%）を確保し、同時に、道路に対する斜線制限を＜天空率＞によってクリアすることを試みた。これによって高さ約 7.6m の八角柱体を 2 つの道路に限りなく近接して建てることが可能となった。

開口部については、ほぼ全ての窓を道路境界線に対して 45 度に傾けて配することで、隣家との見合いを回避すると共に、採光や通風といった自然エネルギーを有効に取り込むようにした。街路に面する外部面が隣家に比べ

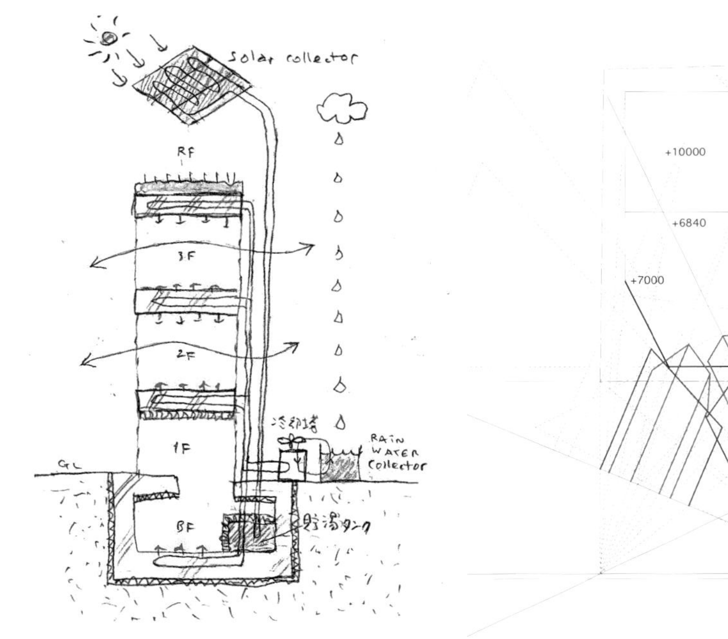

空調ダイヤグラム（スケッチ）

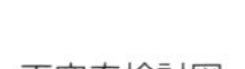

天空率検討図

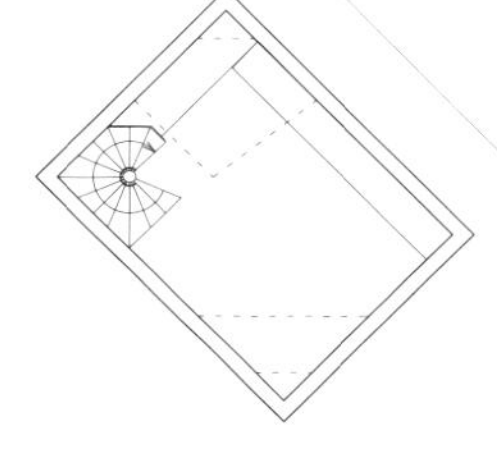

地下 1 階平面図

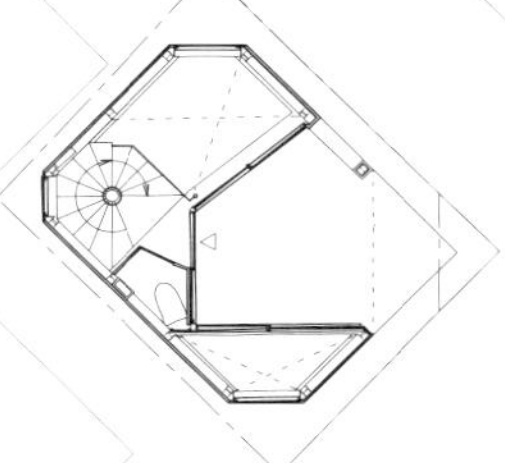

配置兼 1 階平面図　1/250

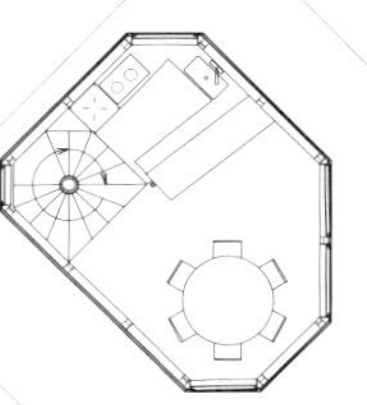

2 階平面図

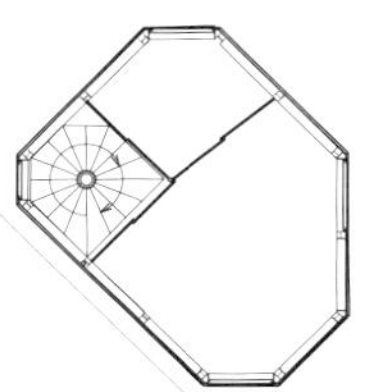

3 階平面図

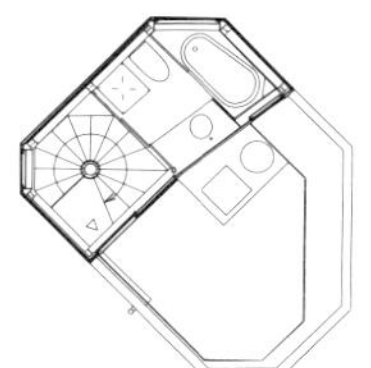

4 階平面図

てやや突き出しているため、それぞれの窓からは街路空間をパースペクティブに望む風景が展開している。
建坪が狭小サイズの都市住宅においては、階段室をいかに配置するかが空間構成上決定的となるが、ここでは、地下室から屋根裏までを直結する螺旋階段をセットすることで、建具を最小限に留めつつ、各フロアが（天井高は不均一であるが）動線的にできるだけ並列的になるよう設計した。
こうした垂直方向のワンルーム構成は、室内環境に対する十分な制御が必要となるが、ここではスラブ面による蓄熱式輻射冷暖房システムを採用し、解決している。一方壁面は、断熱サンドイッチパネルと石膏ボードの重ね張りによる外断熱・外耐火によって、従来ポシェである構造柱間を全て収納スペースや設備スペースとして活用している。

配置図　1/1000

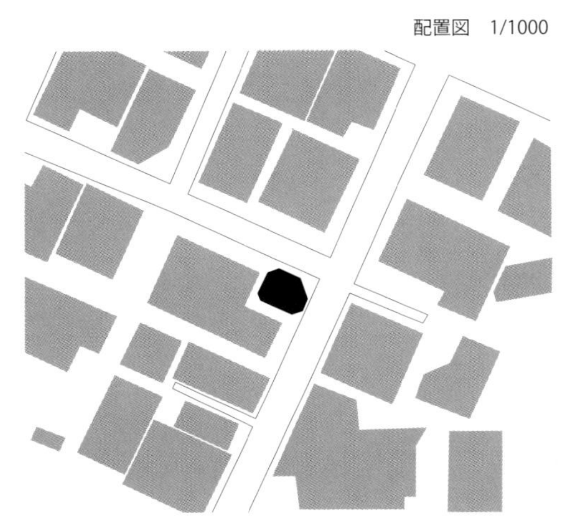

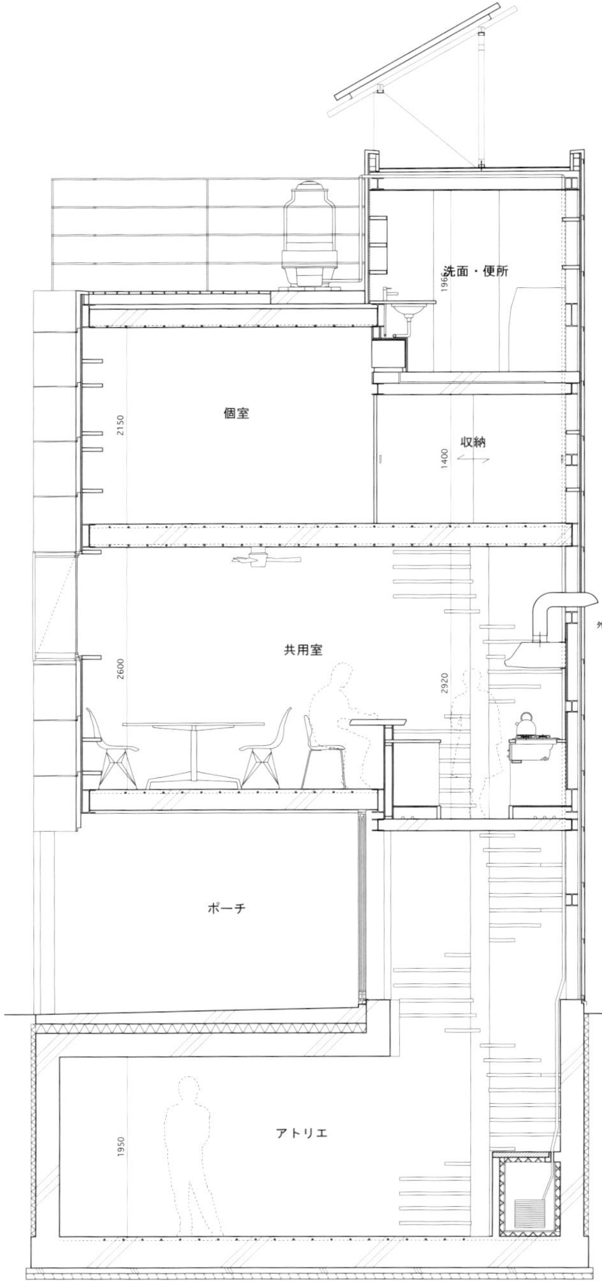

断面詳細図　1/80

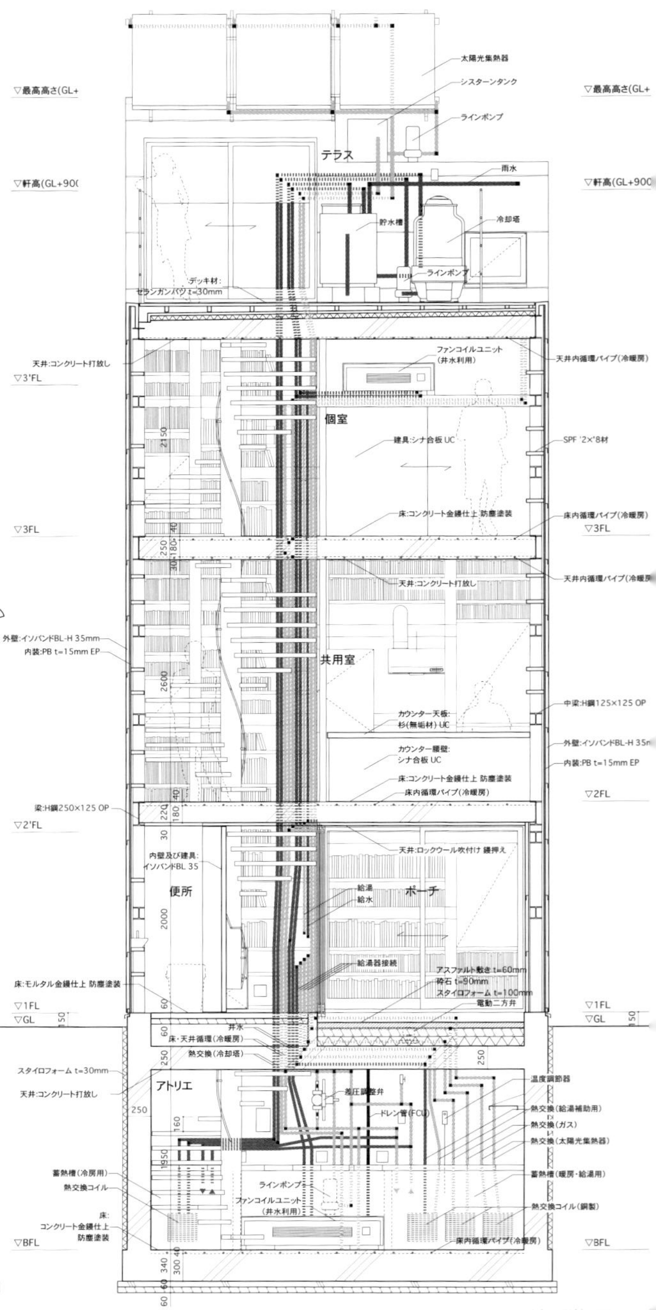

断面詳細図　1/80

06　台形面の家

環境を纏わせるガラスのファサード

44 坪のフラットな敷地上に、家族 4 人が住むための家を計画した。西側の狭い道路を挟んで反対側に広がる雑木林は、実は隣の民家の広大な庭の一部であり、その意味でこの町の歴史的面影を残すものでもある。この豊かな景観を、単に部屋の窓から借景として観賞するだけでなく、建物の外壁全体にその風景を映り込ませることによって、日々刻々と変化する豊かな緑を建物に＜纏わせる＞ことを試みた。すなわち、濃い茶色に塗った構造用合板の上に透明ガラスを通気層を設けて固定させることで、ガラスという素材のもつ「透過／反射」の性格が同時に現象するような立面をつくった。そこでは、自然樹林の複雑なパターンと半人工的な合板の板目模様が重なり合う。さらに、建物の裏側（東側）の隣地内にも豊かな樹林が残存しているが、その樹林とファサードに映り込んだ樹林とが視覚的に連続する瞬間に、建物のアウトラインが消失し全体が透明化するような効果も意図している。

建主からの要望の 1 つとして、＜音楽室＞を設けてほしいことがあった。それは主にピアノやマリンバのレッスン教室として使用するので、玄関からの動線的な独立性と屋外に対する防音性を必要とすると共に、反対に居間や食堂と連続することでホームコンサートを開けるようにもしたい、ということであった。

こうした条件を平面的に満たすためには、トーラス状に

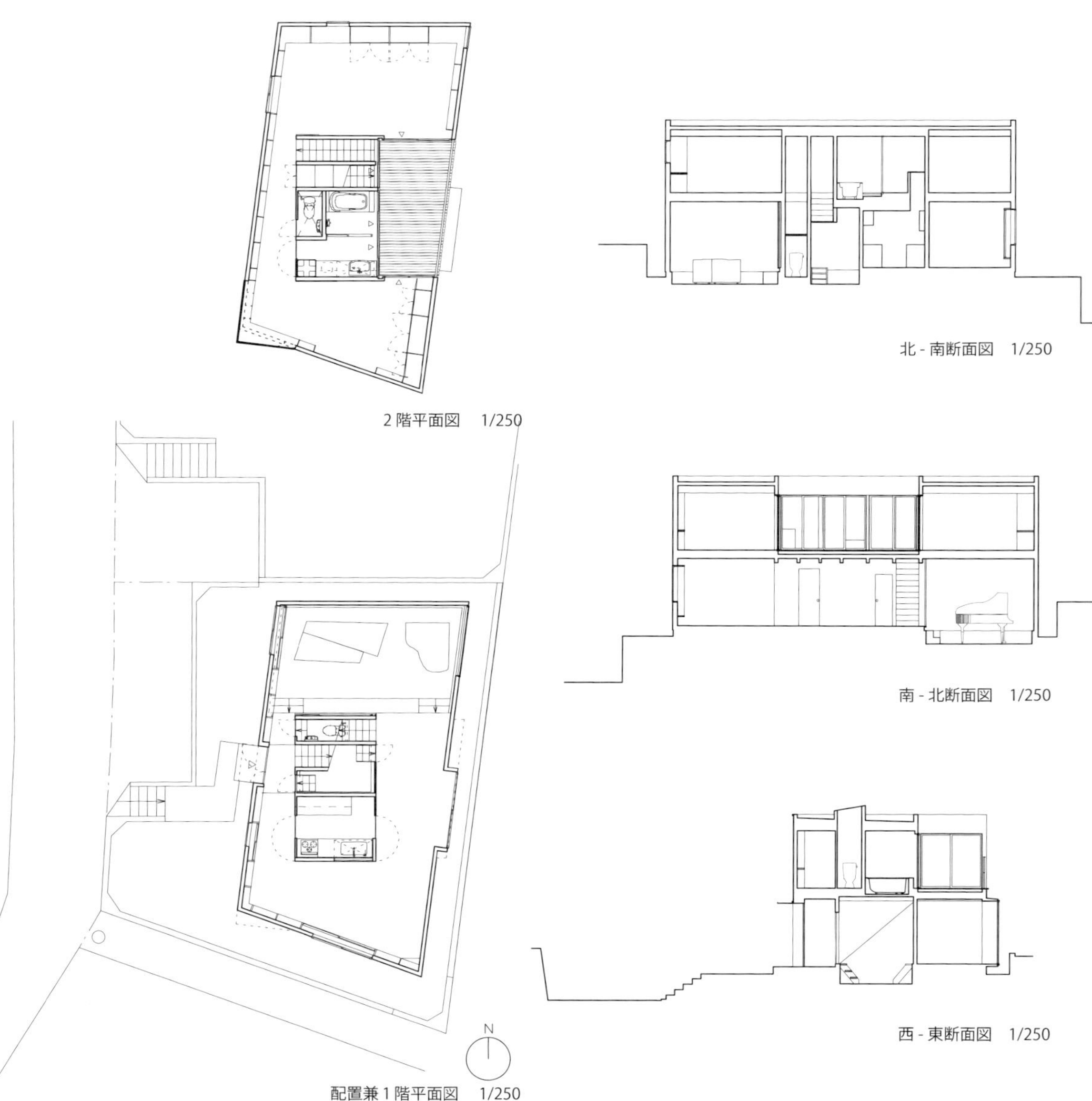

2 階平面図　1/250

配置兼 1 階平面図　1/250

北 - 南断面図　1/250

南 - 北断面図　1/250

西 - 東断面図　1/250

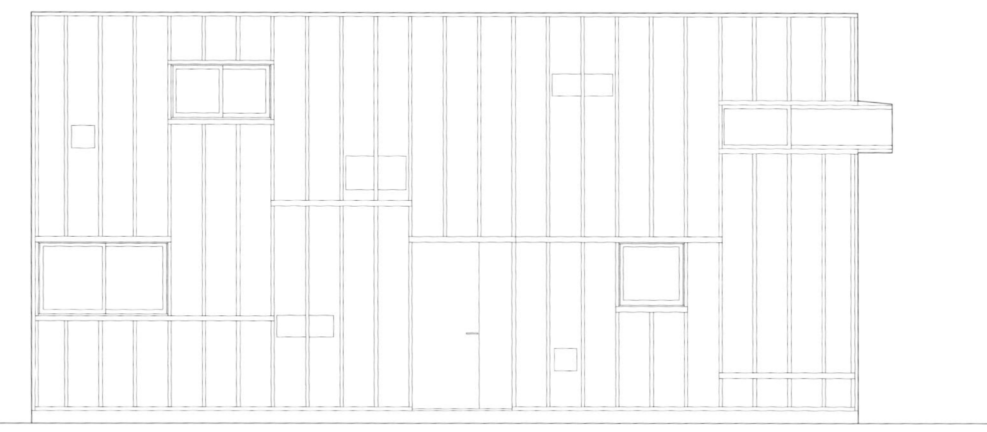

西立面図　1/100

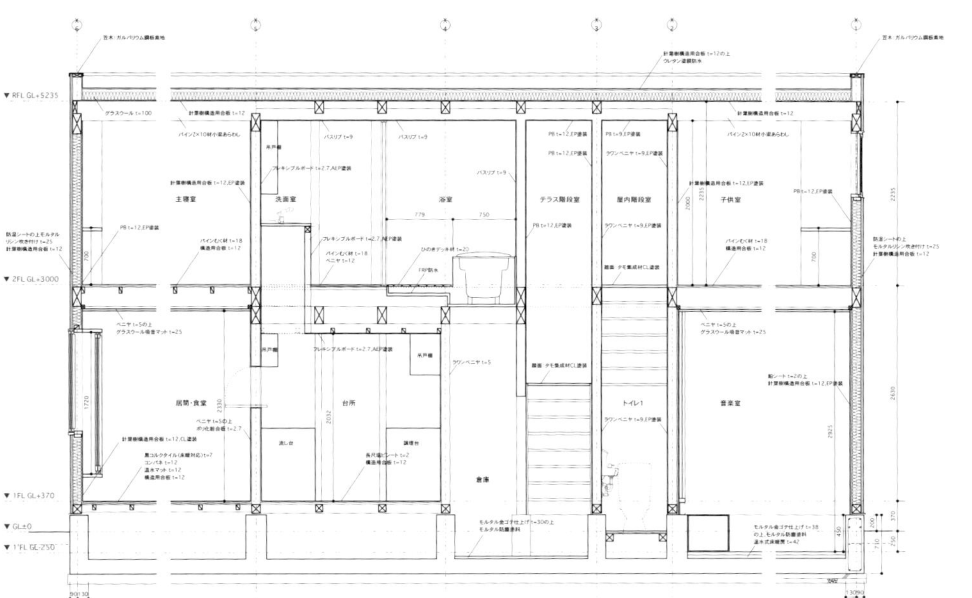

断面詳細図　1/100

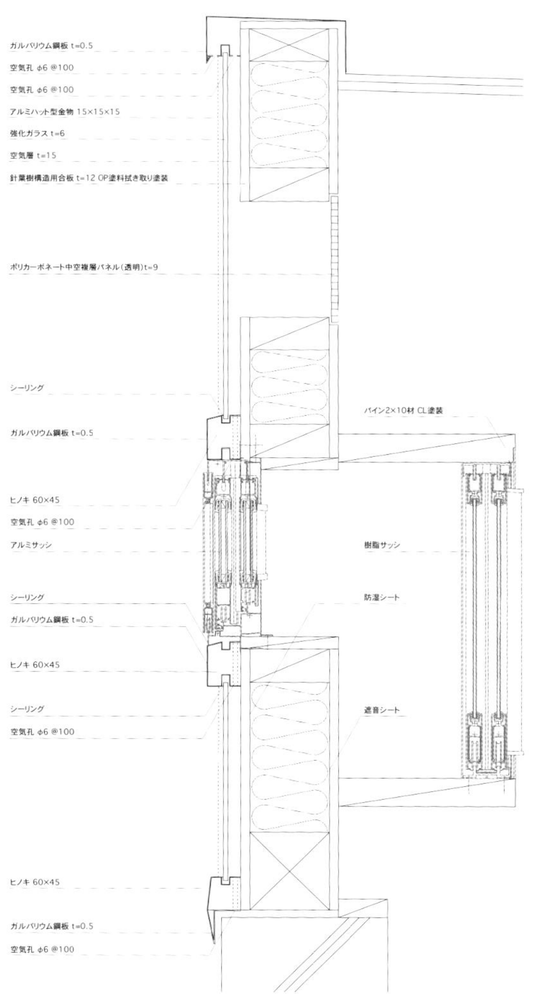

矩計図　1/10

展開する空間が有効ではないかと考え、また敷地の形状とそのスケールがその形式を可能にさせるものであったので、センターコア型の建物プランとした。
まず、水回りの諸室や階段などを納めたコア空間の大きさを設定し、そのコア自体の外形面と建物全体の外壁面との距離が、居住するための場としてうまく機能するように、コアの位置を決めた。
玄関土間と2階のテラスをダイレクトに結ぶ<第2の階段>を設けた。この階段の主用途は、海水浴から水着で帰宅した子どもらが直接浴室や個室へ向かうためのものであり、さらに玄関や1階コア内のトイレや倉庫に採光や通風をもたらす穴でもある。
建物全体の構成から見ると、コア内にねじれて位置する2つの階段があることで、テラスを含めた諸室相互の動線的ヒエラルキーがなくなり、形態的には単純コア型プランでありながらトポロジー的には多中心型のリゾーム平面、すなわち室内のどの場所に立っても2つ以上の経路で他の諸室にアクセスできるプランとなり、そのことで住まいとしての使われ方の自由度を意図した。

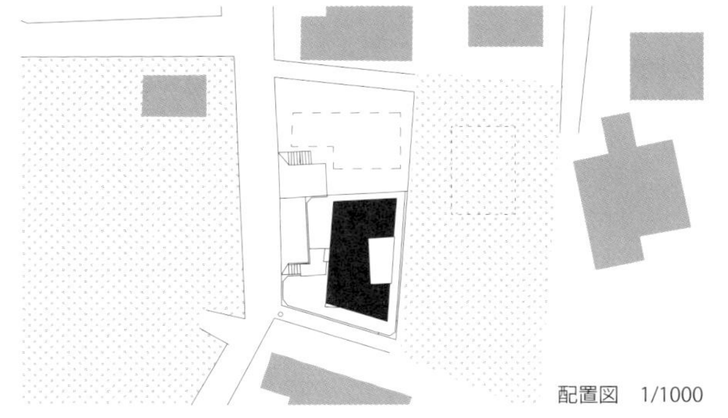
配置図　1/1000

07　中落合のスリットハウス
都市景観を構成する<大きな窓のある小さな家>

建主からの当初の要件として、建物の外観に対する、ある期待があった。それは、私がかつて設計した住宅（八丁堀のスリットハウス→ p.078）と同様の、街を望む大きな<窓>をもった小さな家のイメージである。諸事情によりその住宅はすでに消滅してしまったが、東京の下町から神田川を遡った山の手エリアの一角に、その外観の DNA は引き継がれた。

敷地は、谷間と台地が細かな襞のように入り組んだ、いわば典型的な「東京の微地形」によってできた崖地に位置している。この地理的環境に加えて、河川を暗渠にした路地沿いに密集する低層の木造住宅群と、台地上を貫く新たな大街路沿いに展開する高層住宅群によって、地形的には約 8m の高低差が、それ以上に増幅したスケールをもつダイナミックな都市の<トポグラフィ>を構成している。

建物のヴォリューム形状は、敷地の形状とそれを取り巻く状況によってほぼ決定されている。すなわち、大街路（= 山手通り）からの喧騒をできるだけ遠ざけるために、建物を敷地の奥にもっていくことで必然的に台形状のプランとなり、さらに敷地内の既存擁壁への荷重負担を避けるためにキャンティ状の断面となっている。この断面形状がそのまま大街路側から見え隠れするファサードをつくった。

一方、周辺の複雑で流動的な景観とは対照的に、住宅の

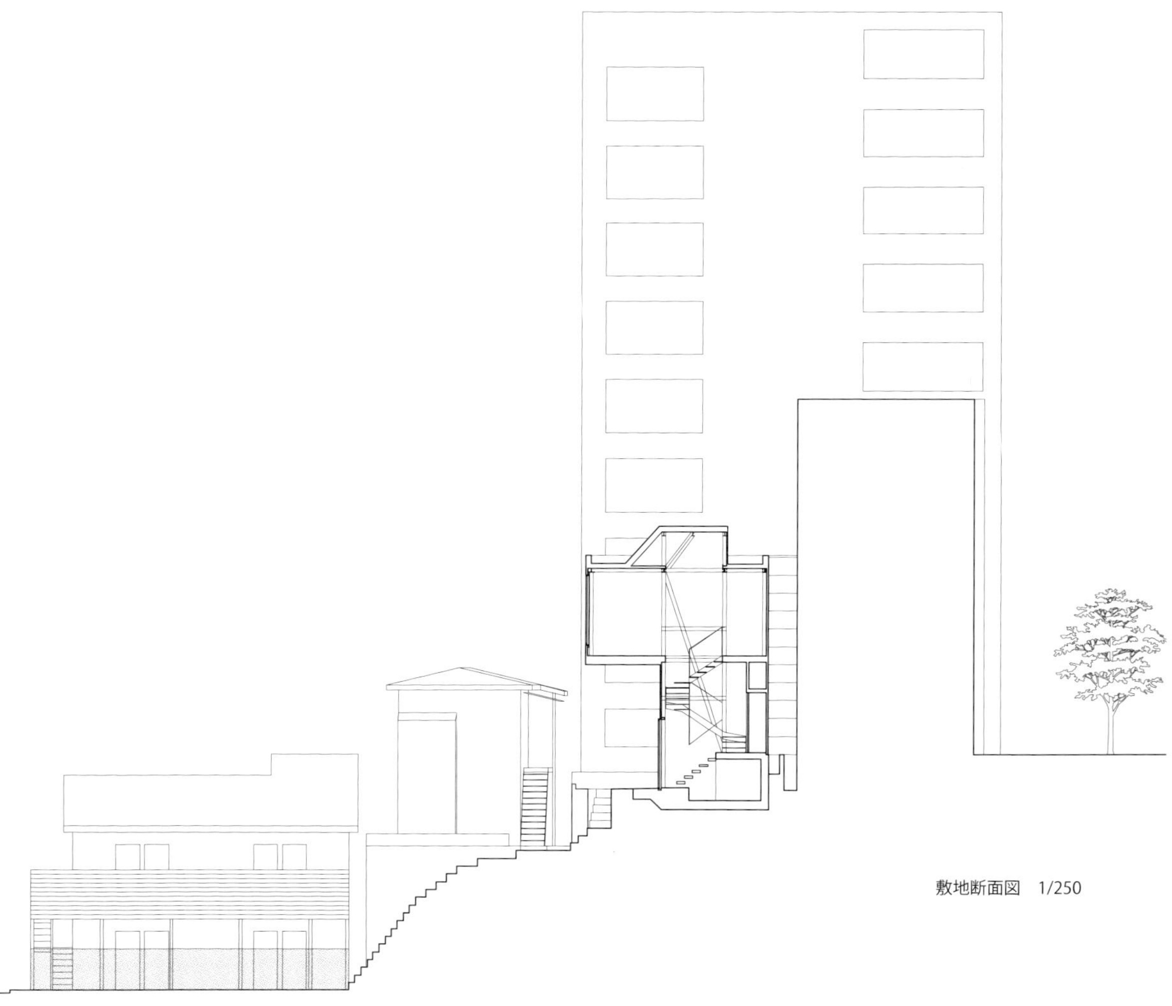
敷地断面図　1/250

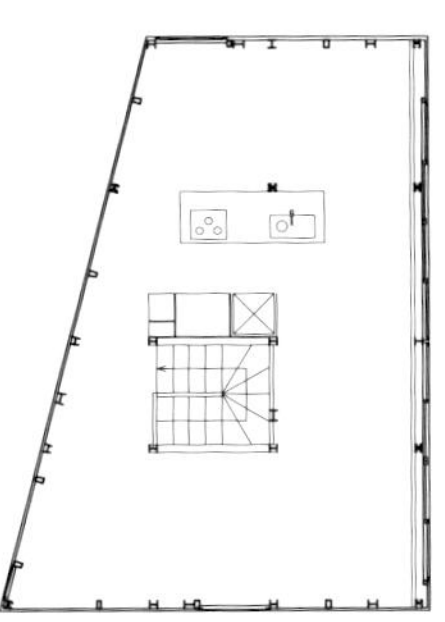

2 階平面図　1/250

配置兼 1 階平面図　1/250

2階部分はフラットで開放的なワンルームを確保した。特に、2階の床レベルを敷地の東側に隣接する建物の屋根レベルに合わせて、室内の東面いっぱいに大きな開口部を設けた。反対に1階の室内はやや天井の高い垂直性の強い空間となっている。こうしてできた街を望む大きな＜窓＞は、周囲の建物に溶け込みつつも正対することなく存在し、この小さな住宅の外観が都市の風景を構成する特異なアイコンとなっている。
すなわち、低層木密住宅群やその隙間を縫う路地と、道路拡幅に伴って突如建ち上がった高層住宅群や換気塔といった、極端に異なるスケールの景観が隣接する環境の中で、この住宅の外観は、それぞれの景観を構成する一部でありつつ自立性を保つことで、人々の記憶の片隅に存在し続けることになるだろう。

配置図　1/1000

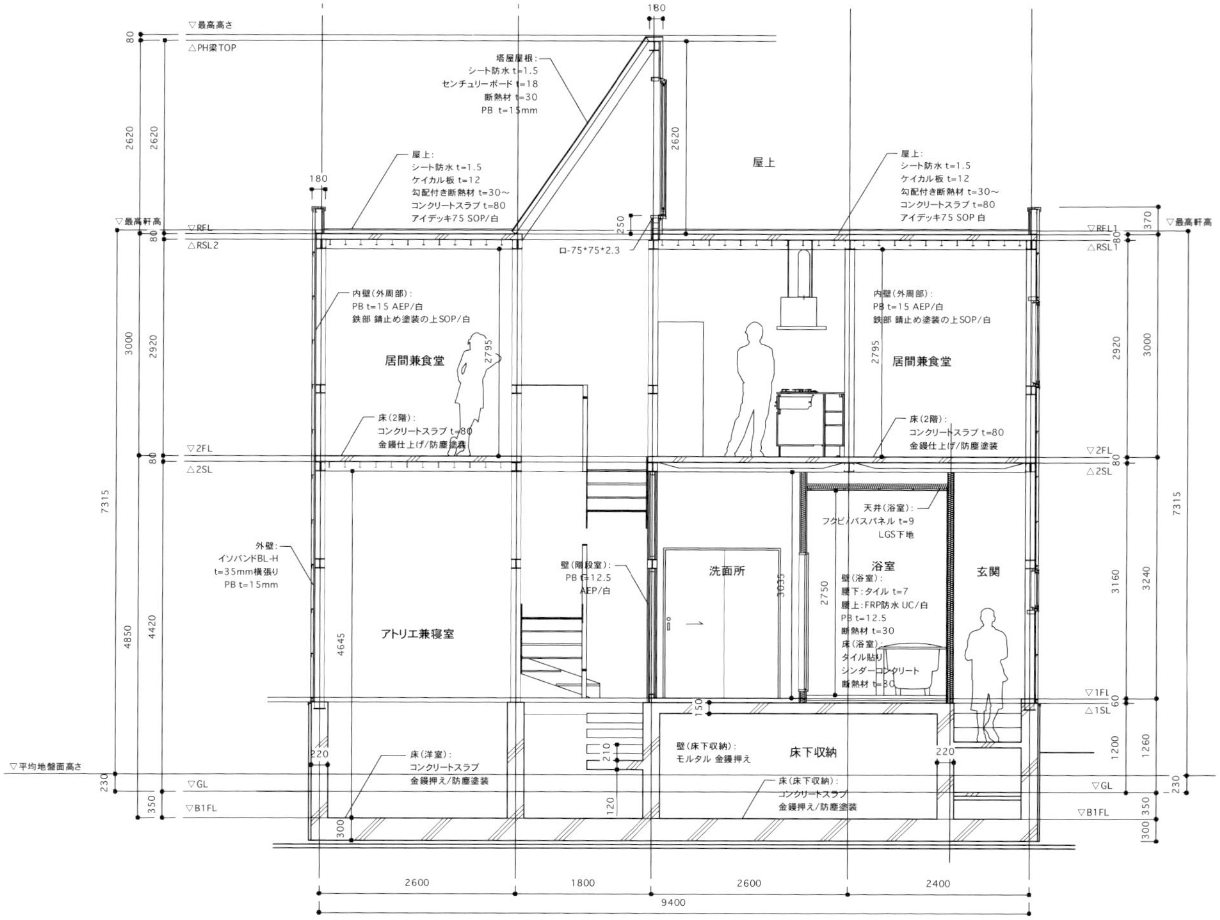

断面詳細図　1/75

08　八丁堀のスリットハウス
都心の隙間に住空間を構築する

東京都心の商業地域に小さな住環境を仕掛けた例である。タワーマンションと呼ばれる都心高層マンションが全盛の現在、その足元には今もなお間口の狭い低層住宅がひしめく小さな街区がいくつも残っている。都市に住まう人々の全てが眺望の良い高層集合住宅に暮らしているわけではないし、また人々はそうしたスタイルだけを追い求めているのではない。
敷地の間口幅がきわめて狭く、プライバシーや日照の確保が困難なエリアの中で、快適で魅力的な住環境を獲得するために、ここではまず建物の縦断面のレイアウトを練ることから設計を始めた。
狭い土地とはいえ、建物は地面と直に接することができるし、頭上には青空や星空も残っている。また視線の高さ関係によって、街路のヴィヴィッドな風景を室内に取り入れることもできる。
こうした利点の１つひとつを住宅の断面に対応させていくことで、21 世紀の東京長屋（ローハウス）としての新たなタイポロジーを浮かび上がらせることができるはずである。
なおこの建物は、小さな敷地の集合体を１つの大きな敷地にまとめることのスケールメリットに対して抵抗できずに、竣工 10 年後に消滅した。

2 階平面図　1/250

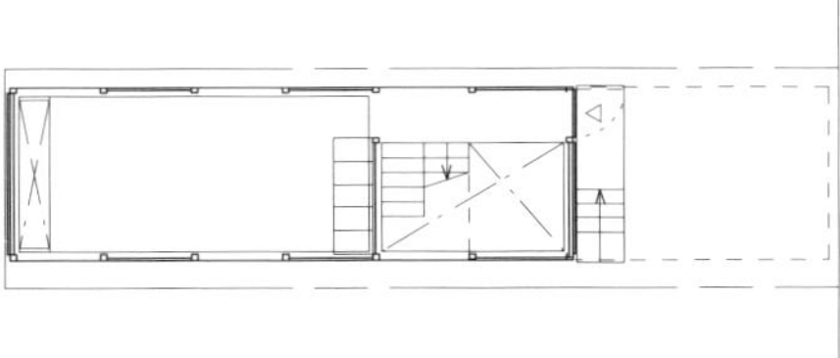
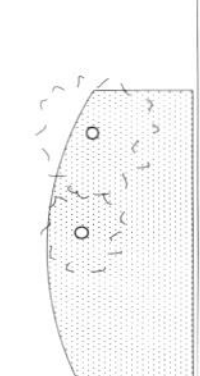

1 階平面図　1/250

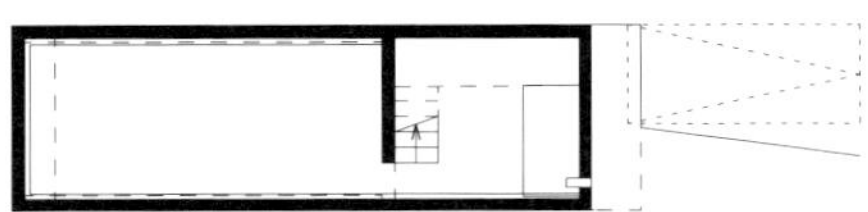

床下収納階平面図　1/250

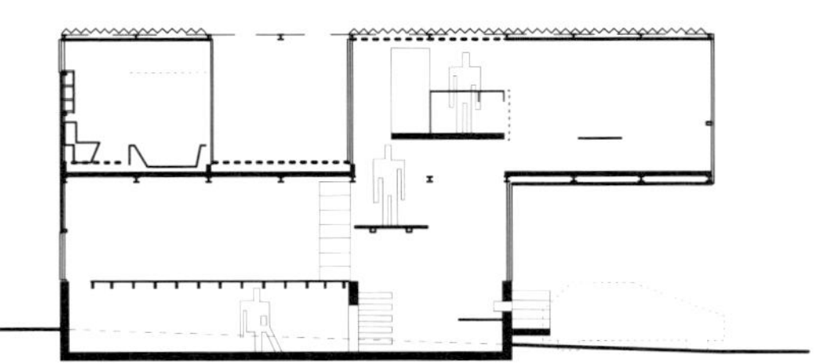

西 - 東断面図　1/250

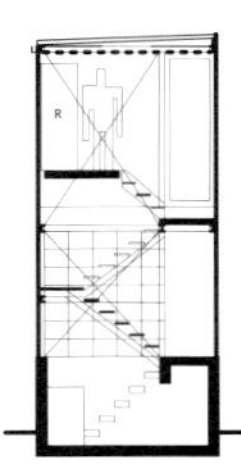

南 - 北断面図　1/250

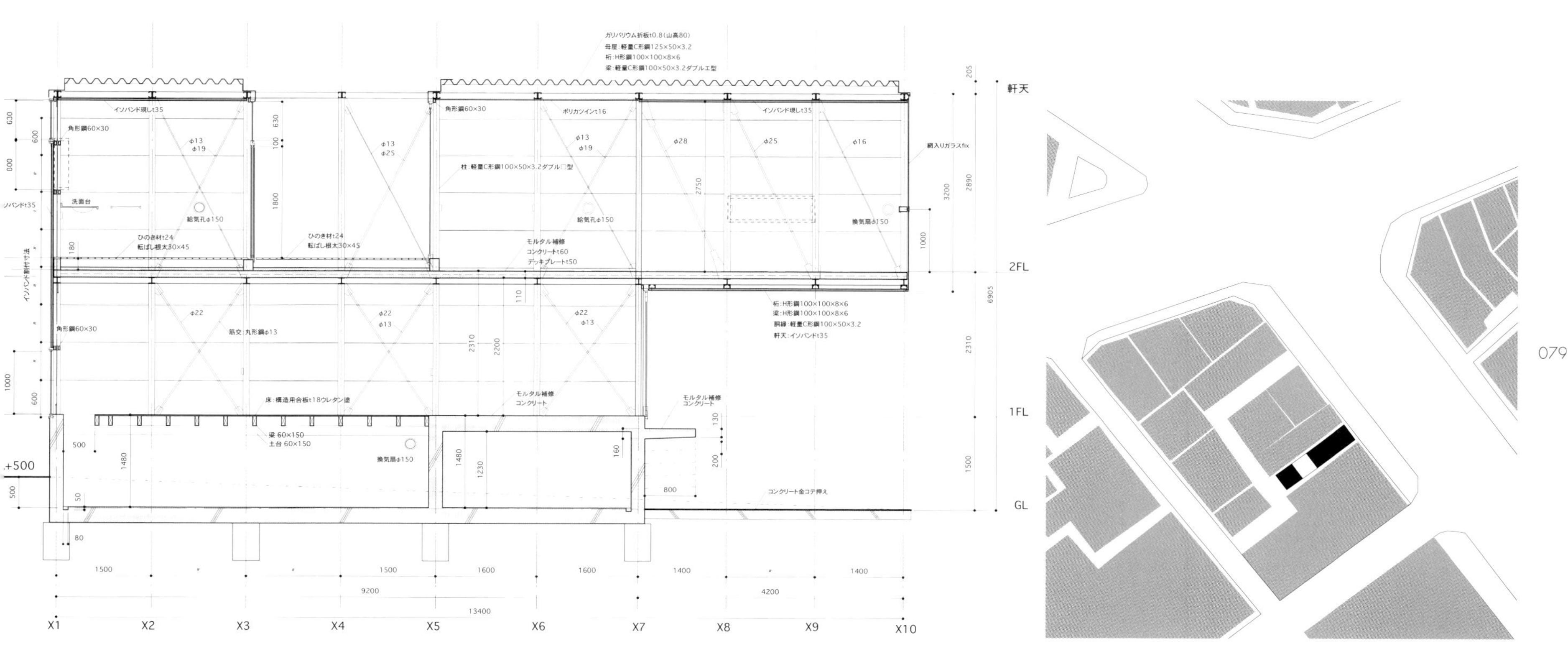

断面詳細図　1/100

配置図　1/1000

メリット

コラム II　都市をつくる住宅の外景と眼差し

人間は建物の周囲を歩き回りながらその空間を経験すると同時に、建物の全体あるいは部分のかたちを見ることを通じてその空間を認識する。外観とは建物を外側から見た様子であり、内観とは建物を内側から見た様子である。一般的な建物の全体の特徴は、この外観と内観の同時存在によって印象づけられる。一方、建物は周辺の建物や環境を建物側から見る、という機能をもつ。すなわち、建物は周辺を見ることができる空間をもつと同時に、周辺から見られている外形をもっている。この、見る／見られる、というインタラクティブな関係を再考することで、住宅と都市との新たな関係、あるいは住宅が都市へと広がる方法を見出せるのではないか。

＜外景＞とは

　都市景観とは主に建物の外観が離散集合して構成されたものである。以前、著名な建築評論家に「日本の現代住宅にはファサードがない」と言われたが、それは実体としての住宅のファサードではなく、風景や景観としての住宅の外観、すなわち＜外景＞のことを指していることが分かった。どう見えるかとは相対的なものである。つまり、どんなに美しく見える建物でも、その建物に隣接する建物や周辺の環境が陳腐であれば、その建物の評価は落ちるだろう。あるいは逆に、どんなにつまらなく見える建物であっても、その周辺環境の中で価値をもつ建物もあるだろう。つまり＜外景＞とは、周囲の環境との関係性から生まれる建築の外観の表情であり、その価値である。

住宅の外景

「ツアラ邸」(注1) は、パリ・モンマルトルの丘上へと続く、緩やかに湾曲した斜路に面して建っている。街路に面したそのファサードは、周囲の地盤の高低差に反するように、玄関の2つの扉を含めてほぼ左右対称のシンメトリーの構成となっている。さらにそのファサード面は、街路の軌跡に沿ってわずかに湾曲している。そのことでこの住宅のファサードは、スロープを上って来る際の（街並み全体を受け止めるような）アイストップ的存在となっている。この住宅の周囲には、様々なかたちの建物が隣接して街並みを構成しているのだが、この住宅のつくる外景はその中で特別な存在となっている。

ロバート・ヴェンチューリの「母の家」(注2) は、フィラデルフィア郊外の閑静な高級住宅街の一角にある。各住宅の敷地は大きく、この住宅への道路からのアプローチも長く取られている。綺麗に管理された芝生の前庭に真っ直ぐな道が引かれ、その正面に切妻型の住宅のシルエットが(逆光のために) ぼんやり見えてくる。徐々に近づくと、その周囲の樹木に馴染んだ深緑色の外壁面が認識され、さらに建物の外周を回り込むと看板建築（＝装飾された小屋）としての斬新な形式が確認できる。

「上原通りの住宅」(注3) は、個人的に大変なじみの深い住宅の1つである。15年余りいた勤務先の通勤ルート上にあったため、ほぼ毎日その建物の前を通っていた。メディアで見たことのある著名な住宅作品を、住宅街を構成する1つの建物として日常的に見ていたことになるが、通りすがりの人々にとっては、道幅の狭さもあって、ほとんどそのユニークな正面性を認識せずに通り過ぎてしまう。しかし東京の混沌とした街並みに埋

注1：ツアラ邸（Maison Tristan Tzara, 1926）
建築家アドルフ・ロース（前掲）が詩人・作家のトリスタン・ツアラと彼の妻のためにパリ18区に設計した住宅。街路側からは道路に面して2つの扉（1つは車庫）があり、裏側には2階からのエントランスがある。外部からのこれらの複数動線が建物内部で複雑に絡み合っている。

注2：母の家（Vanna Venturi House, 1963）
建築家ロバート・ヴェンチューリ（Robert Venturi, 1925-2018）が彼の母のためにフィラデルフィア郊外のチェスナットヒルの住宅街に建てた住宅。同じエリアに師であるルイス・カーン（Louis Isadore Kahn, 1901-1974）によるエシェリック邸（Esherick House, 1961）がある。母の家はポスト・モダニズムの先駆けの住宅と呼ばれ、ヴァナキュラーなイメージの断片を再構築してデザインされている。

注3：上原通りの住宅（House in Uehara, 1976）
建築家篠原一男（Kazuo Shinohara, 1925-2006）が渋谷区上原に設計した住宅。2階建のコンクリートの箱の上にヴォールト型の鉄骨の小屋が載っている。2階の床の一部は木造で、方杖状のコンクリート梁がその床を貫通しているので、いわゆるハイブリッド構造ともいえる。

注4：タージ・マハル（Taj Mahal, 1653）
ムガル帝国第5代皇帝が、インド北部の都市アグラ（Agra）に、先逝した愛妻のために建設した総白大理石でできた墓廟。ヤムナー川の南岸に位置し、南北の軸線上に、高さ42mの4本のミナレットに囲まれた墓廟、一辺約300mの正方形の中庭の歩道、大楼門がある。川の対岸に皇帝自身の廟を建てる予定であった。

注5：パリのノートルダム大聖堂（Cathédrale Notre-Dame de Paris, 1345）
フランス・ゴシック建築を代表する建築物で、32mの天井高の身廊を外側から支えるフライング・バットレスが美しい。19世紀にヴィオレ・デュク（Viollet-le-Duc, 1814-1879）によって修復が行われ、その際に付け加えられた尖塔は2019年の火災により焼失したが、2025年に建物全体を含めて再建される予定である。

もれているわけでもなく、荒々しいコンクリート面や三角形の窓、セットバックしたカマボコ屋根と2つの丸窓など、どこにも見られない要素の断片が記憶に刻まれることになる。

図像として建物外形

多くの人々の記憶に刻まれている建物の外観、それは実体として建築を超えて、一種の記号としてアイコン（＝図像）化する。アイコン化した建物（のファサード）は、その建物のスケールが外されて、次第に人々の記憶の中で抽象化され単純化されていく。

インドの「タージ・マハル」（注4）は、地球上で最も美しい建造物ともいわれるが、その建物自体のプロポーションもさることながら、建物の外観の見せ方が秀逸である。建物へのアプローチは1箇所に限定され、人々は建物を挟んで反対側にあるゲートの演台からまず建物の遠景を眺めることになる。そこから見ると、4つのミナレットに囲まれた本体、前面の庭園と水路、さらに建物の背景の何もない空が、1つの消失点の中に透視される。建物本体の中央のドームは（内部の形状と大きく異なり）巨大化しており、さらに4つのミナレットは垂直に立っているように見えるが、（もし倒れた場合に備えて）やや外周方向に傾いている。これらの操作が遠景としてのファサードのプロポーションのレトリックとなっている。

パリの「ノートルダム大聖堂」（注5）のファサードは、よく見ると分かることだが、左右のタワー部分の太さが明らかに異なっている。厳密な左右対称性に興味がなかった、建設途中で設計変更があった、もともと非対称のファサードにしたなど、その理由には諸説ある。現在の周辺環境の状態からみると、大聖堂の前面の広場は建物の高さの割にはそれほど広くなく、正面から見て左側のセーヌ川に架かる小橋（＝プティ・ポン）付近から斜めにその全貌を眺めることが多いが、その場合、太めのタワーの方が奥に見えてくるので、そのためにファサードの修景を行っているかのようにも見える。

視線と眼差し

建物から眺める景観、特に建物からの視線が遠くまで続く景観には印象深いものがある。例えば「安曇野ちひろ美術館」（注6）では、小高い丘の上に立つ建物から安曇野の盆地の方向を望むと、美術館の敷地内の造園されたランドスケープと、その向こうに広がる美しい田園風景が、敷地のボーダーラインを超えて、連続して見えてくるのが分かる。

京都の「円通寺庭園」（注7）は、借景式庭園として有名である。北庭へ開放された板の間に座ると、建物を支える垂直の柱と庭の内外に林立する樹木の幹がシンクロナイズし、さらに建物の縁側と軒先の水平ラインに挟まれた空間に、刈り込まれた生垣のラインとその先の比叡山のスカイラインによる構成が、フラットな１枚の絵画（＝ピクチャー）のように見えてくる。

こうした視線の中の前後関係の消失は、マヨルカ島に建つ住宅「キャン・リス」（注8）の出窓から見える海への眺望にもみられる。この住宅の中に設けられた出窓の特徴は、出窓の奥行き方向にテーパーがついている点である。そのことで、室内から外部への眼差しに微妙なパースがかかり、その先に見える地中海の水平ラインへの距離感が消失するのである。

注6：安曇野ちひろ美術館（Chihiro Art Museum,1997）
長野県松川村にある、絵本画家のいわさきちひろ（1918-1974）の作品と世界の絵本画家を収蔵する絵本美術館。建物の設計は内藤廣建築設計事務所。

注7：円通寺庭園（Entsu-ji Temple Garden, 江戸初期）
京都市左京区の円通寺内にある枯山水式庭園。ジオメトリック構成による借景庭園として有名である。円通寺から比叡山方向のすぐ手前には、住宅やオフィス、駅舎や大学を含め多くの建物が林立しているが、この庭園からの景観を（視覚的には）まったく侵害していない。

注8：キャン・リス（Can Lis, 1972）
デンマーク出身の建築家ヨーン・ウツソン（Jorn Utzon, 1918-2008）がスペインのマヨルカ島に建てた自身の家族のための夏の別荘。地中海を正面に望む崖地の突端に位置し、複数の建物が緩やかに連結する構成となっている。地元産の素材やプレキャストコンクリートなどを使ってほぼ自力建設された。

注 9：マルセイユのユニテ・ダビタシオン
(Unite d'habitation a Marseille, 1952)
建築家ル・コルビュジエ(前掲)がマルセイユに設計した高層集合住宅。約 3.5 ヘクタールの敷地内に、長さ 165m、幅 24m、高さ 56m の建物がほぼ南北軸に沿って建てられている。屋上階には養育施設やプールなどがあり、設備配管は全てピロティのコラム内を通って地下へと至る。

注 10：パイミオのサナトリウム（Paimio Sanatorium, 1932）
建築家アルヴァ・アアルト（前掲）がフィンランドのパイミオに設計した結核患者のための療養施設。片廊下式で 6 階建の病室棟の最上部には、日光浴や外気浴のためのテラスが設けられている。

注 11：ケース・スタディ・ハウス（Case Study Houses, 1945-1966）
アメリカの雑誌＜アーツ・アンド・アーキテクチュア＞の編集長ジョン・エンテンザ（John Entenza, 1905-1984）らがスポンサーとなって実施された実験住宅プログラム。当時の著名な建築家達に設計を依頼して、経済的で効率的な設計施工のモデルを追求した。

注 12：スタール邸（Stahl House, 1960）
アメリカの建築家ピエール・コーニッグ（Pierre Koenig, 1925-2004）がケース・スタディ・ハウス #22 としてロサンゼルスのハリウッドヒルズ地区の急斜面に設計した鉄骨住宅。建築写真家のジュリアス・シャルマンによる建物の映え写真が有名で、多くのメディアで扱われている。

視線のコントロール

建物の内側から開口部を通して、周辺の環境へと視界が開ける事例に対して、反対に視線を制御して視界を遮ることで、周辺環境と密接に関わり合う事例もあるだろう。マルセイユの「ユニテ・ダビタシオン」（注 9）の屋上庭園のパラペットの高さは 1.6m であるが、これは通常のパラペットに比べてやや高いが、その高さは大人の起立した状態の視点の高さに一致するため、パラペットの頂部が水平線と重なるようになっているので、地中海の海面は背伸びをするか、高いところへ上らない限り見えない。

フィンランドのパイミオの「サナトリウム」（注 10）の屋上階には、患者が日光浴をするためのサンテラスがあるが、そこに立つと周囲の針葉樹の森を超えて視界が広がるのだが、これは建物の高さを針葉樹林の高さに揃えた結果である。

ロサンゼルス郊外に 1950 年代に建てられた建築家による実験住宅群（＝ケース・スタディ・ハウス）（注 11）があるが、その中でビバリーヒルズの高台に建つ No.22 と呼ばれる「スタール邸」（注 12）は最も特徴的な住宅である。この平屋の住宅はアプローチ道路から見ると低い塀のようにしか見えない。塀の端部にカーポートがあるが、そのカーポートの脇の小さな門扉をくぐると、プールサイドに面したガラス張りの主屋が現れる。建物の構造グリッドと下界のロスの都市グリッドの方角は一致していて、住宅と都市を仕切る塀は何もない。

一方、No.8 と呼ばれる「イームズ・ハウス」（注 13）は、サンタモニカの海辺近くの高台にある。この住宅は、当初の設計では 2 階建のピロティ形式の建物で、2 階の窓からは太平洋が望めるはずであったが、ある事情で設計変更が余儀なくされ、すでに工場内で作られていた部材を組み替えて、新たにシンプルな２つの箱型住宅として施工したことで有名である。海への直接の眼差しは閉ざされたが、既存樹木に囲まれて海の存在を感じることで、かえって住宅と環境との関係がより親密になっているといえる。

眼差しによる共同幻想

コペンハーゲン近郊にある「キンゴーハウス」（注 14）と呼ばれる低層集合住宅は、緩やかな斜面地にほぼ同じ間取りの 60 戸の住宅がグリッド上に配されたテラスハウスである。上空から一見すると均質的な集合住宅のように見えるが、住戸の向き、住戸どうしの配置関係、住戸間の高低差などが微妙にずれていることで、全体として有機的な団地となっている。

各住戸ユニットは、15m × 15m の正方形の私有の敷地を持ち、その中に 10m × 10m 中庭と、それ以外の L 型部分が平屋の建物となっている。建物相互の配置の特徴は、隣同士のプライバシーを確保しながら、各住戸の敷地内の私有庭の先にある共有庭との視覚的な連続性が図られていることで、共有庭はあたかも各住戸の私有庭の延長のように見えてくる。すなわち、各住民の間の共同幻想（注 15）によって、自分の所有する庭があたかも膨んでいるように設計されているのである。

注 13：イームズ・ハウス（Eames House, 1949）
デザイナーのチャールズ＋レイ・イームズ夫妻（Charles Eames 1907-1978, Ray Eames 1912-1988）が、ケース・スタディ・ハウス #8 としてロサンゼルスに建てた自宅兼アトリエ。敷地内の斜面擁壁を兼ねて、140㎡の住宅と 90㎡のアトリエが距離を置いて配されている。そのカラフルな箱型の建物は、２つの大きな玉手箱のように見える。

注 14：キンゴーハウス（Kingo Houses, 1956-61）
建築家ヨーン・ウツソン（前掲）がデンマークのヘルシガーに建てた集合住宅。全て同じ形状をした、中庭を囲む L 型の平屋住宅 60 戸が、団地全体にばら撒かれている。住宅内にビルトインされた駐車スペースを室内化するなど、多少の増改築は認められるが、全体として当初の景観が現在まで保持されている。

注 15：共同幻想（common illusion）
複数の人間の中で共有される幻想。人間が集団を形成する際に生み出される幻想。詩人で評論家の吉本隆明（Takaaki Yoshimoto, 1924-2012）によって用いられた。

NPC
24H
P

09
松本三の丸（まつもとさんのまる）スクエア
SQUARE in Matsumoto

→ p.106~109

用用途	併用住宅（住宅＋診療所＋倉庫）
場所	長野県松本市
構造規模	木造 2 階建
基礎形状	松杭柱状改良の上ベタ基礎
空調形式	床下ダクト方式個別式エアコン
敷地面積	1328㎡
建築面積	115㎡＋ 103㎡＋ 47㎡
延床面積	215㎡＋ 195㎡＋ 85㎡
竣工年	2022 年
意匠設計	アトリエ・アンド・アイ岩岡竜夫研究室
構造設計	OUVI 横尾真
設備設計	岡江正
施工	岡江組
掲載誌	新建築 2023/9
受賞等	松本市最優秀景観賞（2023）

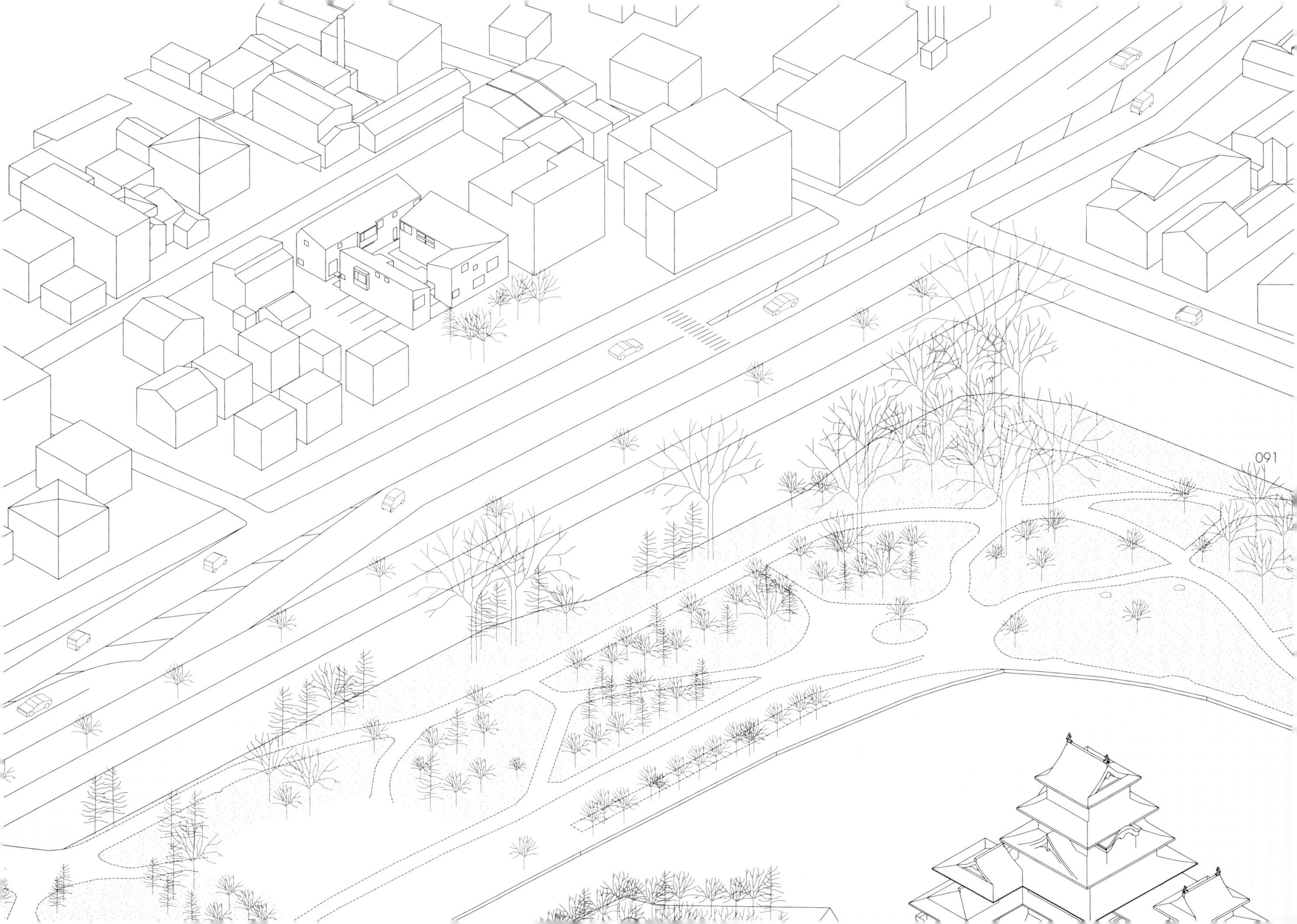

10
T平面（ティーへいめん）の家
T-SHAPE house

→ p.110~113

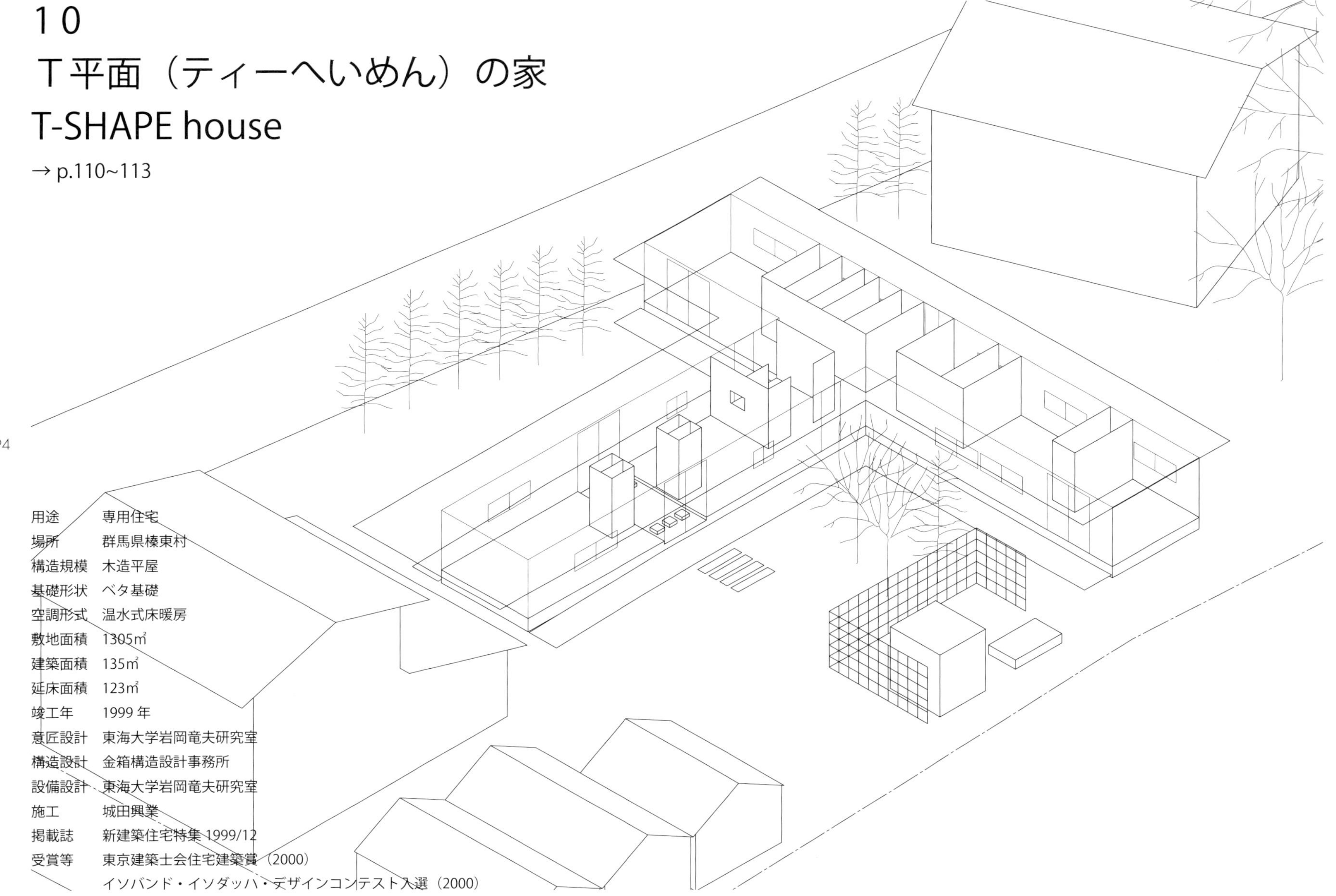

用途	専用住宅
場所	群馬県榛東村
構造規模	木造平屋
基礎形状	ベタ基礎
空調形式	温水式床暖房
敷地面積	1305㎡
建築面積	135㎡
延床面積	123㎡
竣工年	1999 年
意匠設計	東海大学岩岡竜夫研究室
構造設計	金箱構造設計事務所
設備設計	東海大学岩岡竜夫研究室
施工	城田興業
掲載誌	新建築住宅特集 1999/12
受賞等	東京建築士会住宅建築賞（2000） イソバンド・イソダッハ・デザインコンテスト入選（2000）

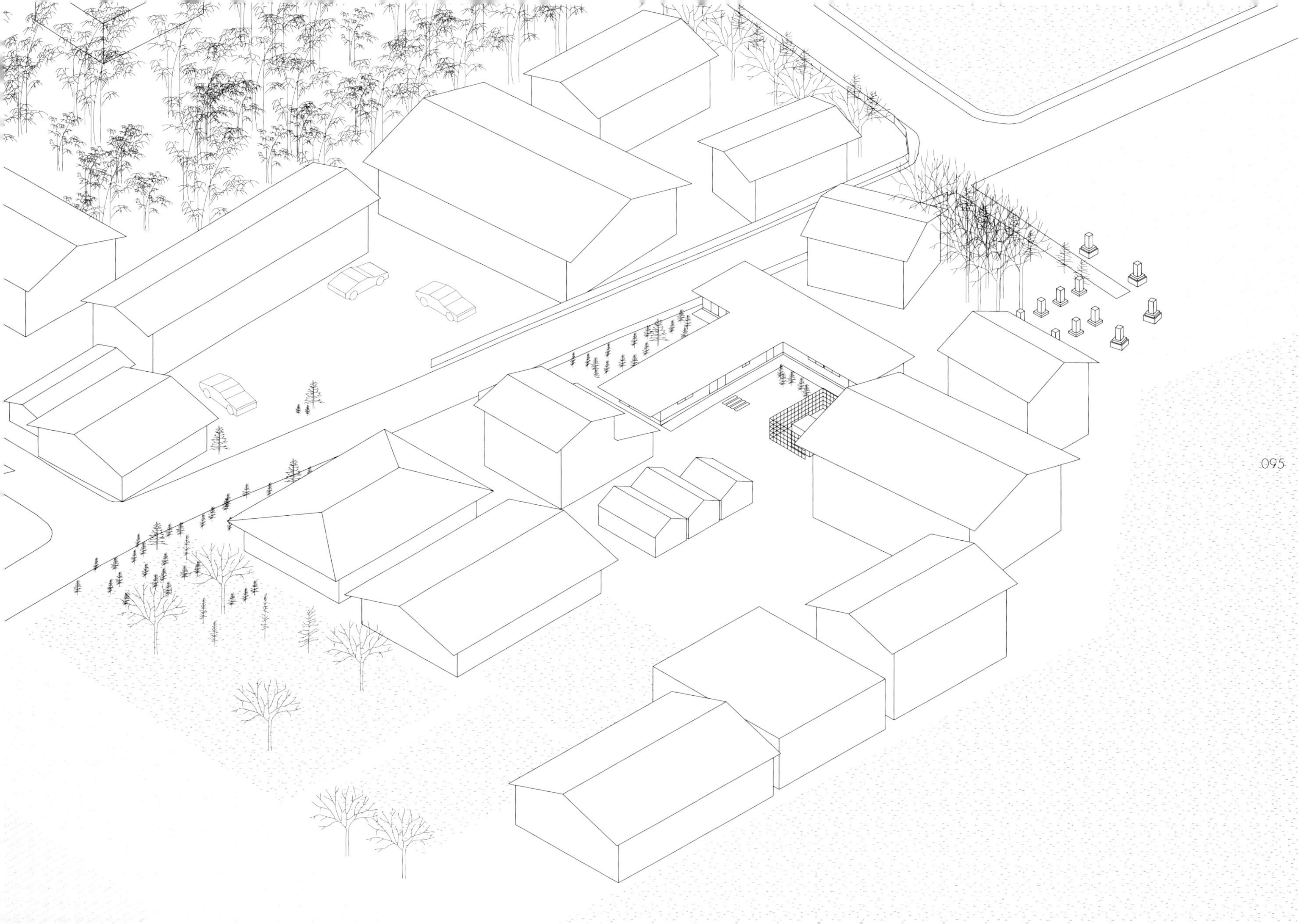

11
バレエの家 II
BALLET house II

→ p.114~117

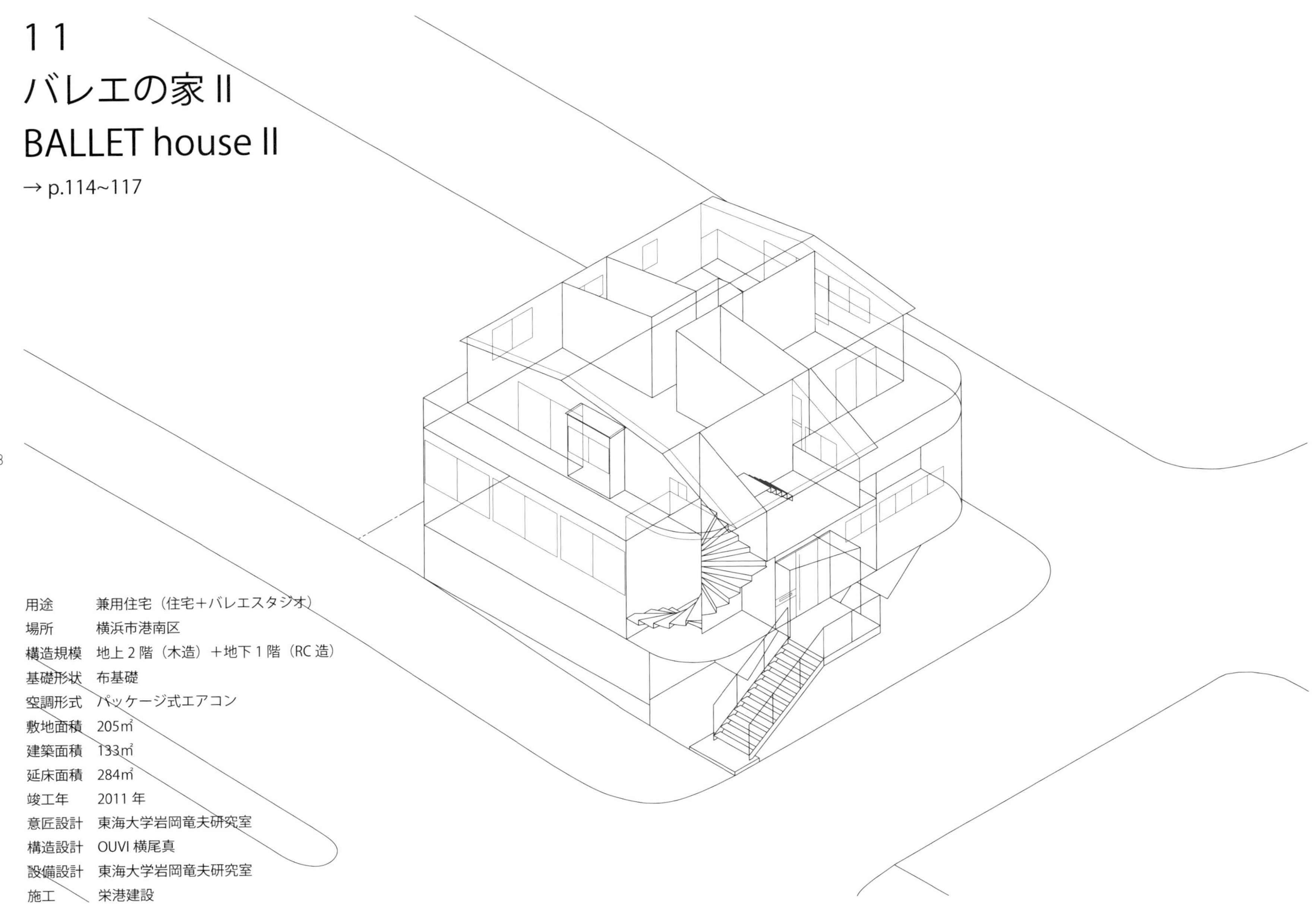

用途	兼用住宅（住宅＋バレエスタジオ）
場所	横浜市港南区
構造規模	地上 2 階（木造）＋地下 1 階（RC 造）
基礎形状	布基礎
空調形式	パッケージ式エアコン
敷地面積	205㎡
建築面積	133㎡
延床面積	284㎡
竣工年	2011 年
意匠設計	東海大学岩岡竜夫研究室
構造設計	OUVI 横尾真
設備設計	東海大学岩岡竜夫研究室
施工	栄港建設

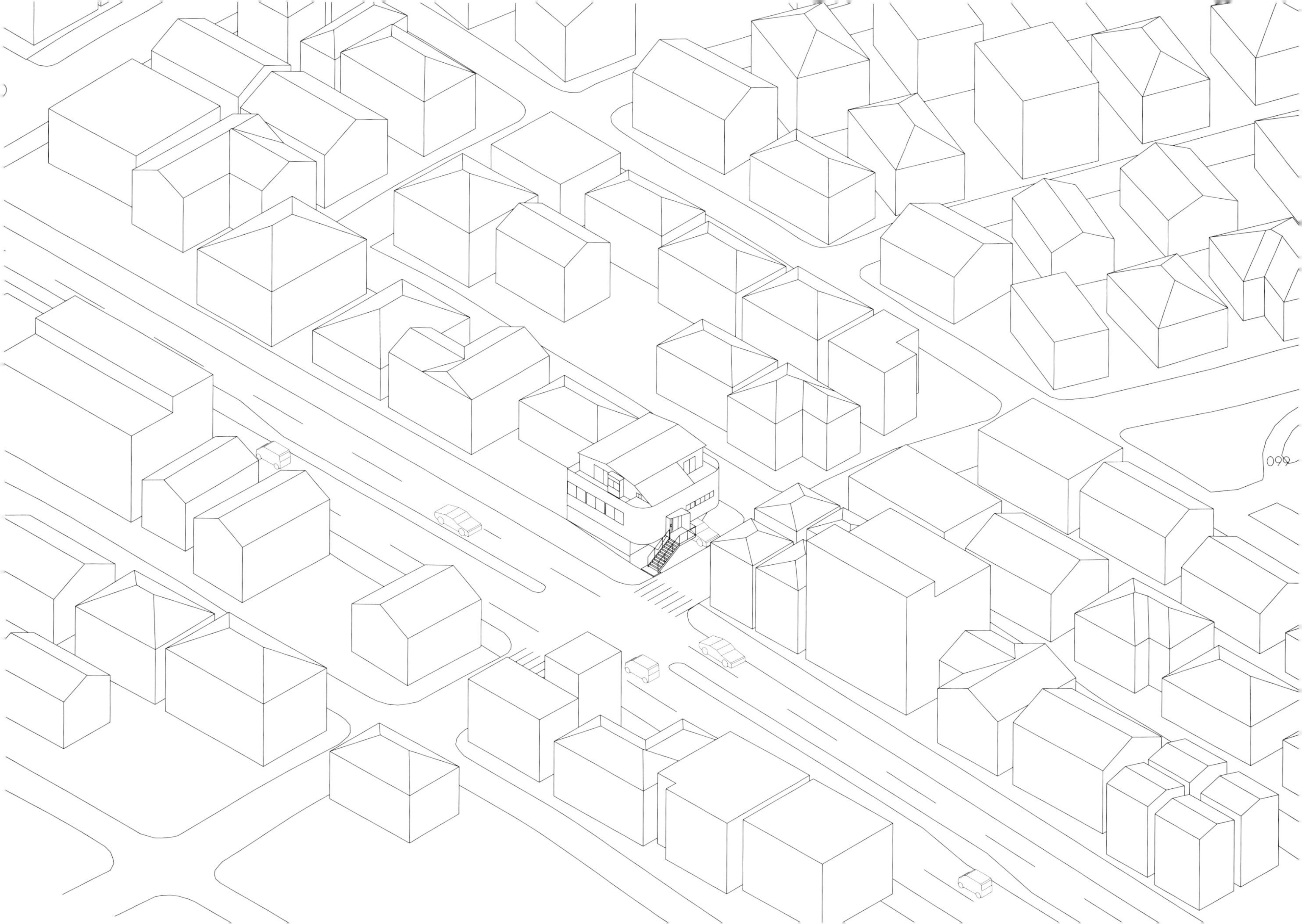

12
バレエの家 I
BALLET house I

→ p.118~121

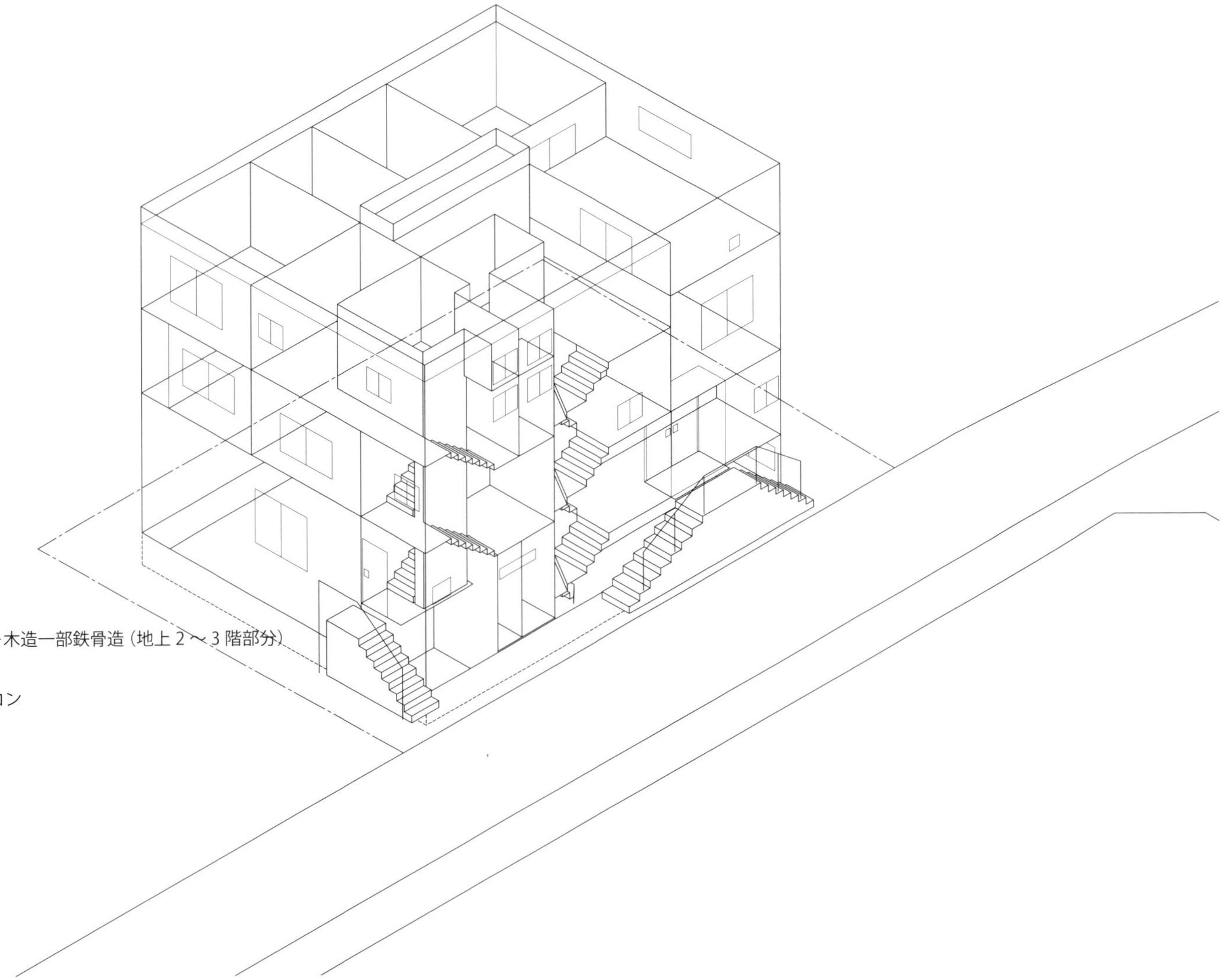

102

用途	兼用住宅（住宅＋バレエスタジオ）
場所	東京都府中市
構造規模	RC 造（地下 1 階～地上 1 階部分）＋木造一部鉄骨造（地上 2 ～ 3 階部分）
基礎形状	ベタ基礎
空調形式	床下ダクト方式パッケージ式エアコン
敷地面積	199㎡
建築面積	111㎡
延床面積	329㎡
竣工年	2005 年
意匠設計	東海大学岩岡竜夫研究室
構造設計	OUVI 横尾真
設備設計	池嶋千里（ギア設計パートナーズ）
施工	日祥工業
掲載誌	住宅建築 2006/3

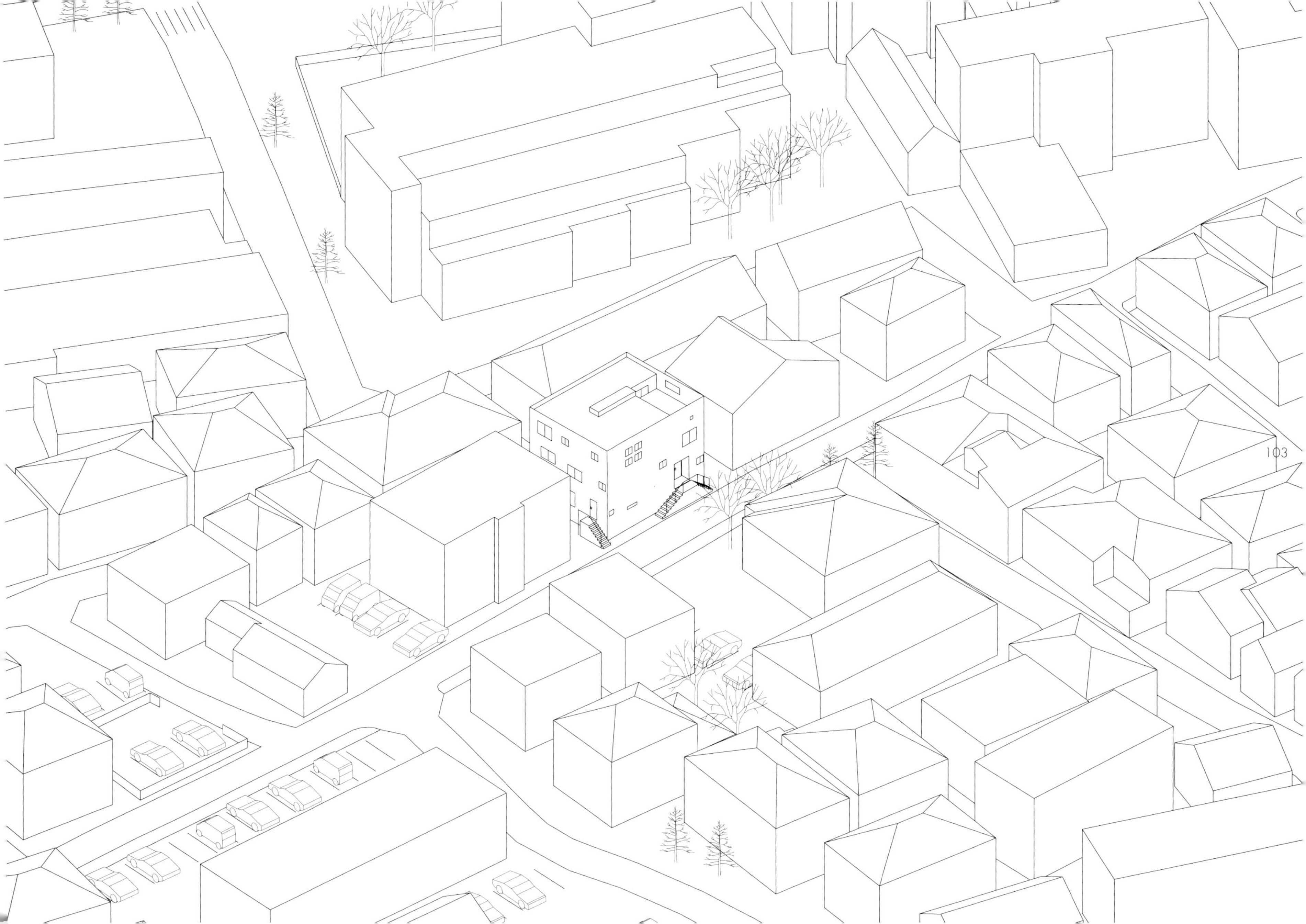

09　松本三の丸スクエア

分棟形式による建築と周辺環境の新たな関係

松本城公園の南側に隣接する道路の拡幅工事に伴う、診療所付き戸建住宅の移設建替計画である。行政から提供された建替用地は、従前の敷地と一部重なっていたため、松本城天守への素晴らしい眺望と、旧家屋の庭のランドスケープをそのまま確保することができた。敷地の近辺は、お城の外堀と女鳥羽川に挟まれた、いわゆる三の丸エリアと呼ばれ、自立した文化都市を目指す城下町の中心部としての再開発が今後望まれる地域である。

皮膚科を専門とする3代目の開業医である施主は、新たな診療所と住まい、そして絵画や書物のための収蔵庫を要望した。本計画では、新たな敷地内に3つの建物（療所棟、住居棟、倉庫棟）と4つの外部空間（中庭、前庭、南庭、駐車スペース）を分散的に配置させている。

3つの建物は全て2階建で、やや縦長の壁のようなヴォリュームとし、相互に隣接させることでその内側に周辺からブロックされた中庭を形成している。このスペースは視覚的には外側から閉ざされているが、通りすがりの人々に開放されており、そのため建物の中庭側への開口部の大きさをやや抑えている。中庭（コートヤード）というより小広場（スクエア）に近く、街中の小さなコアあるいは現代版桝形として、様々なイベントに活用される予定である。

さらにこの3つの建物は、来客動線と事務動線に挟まれた診察室のある診療所棟、前室に挟まれた居室のある

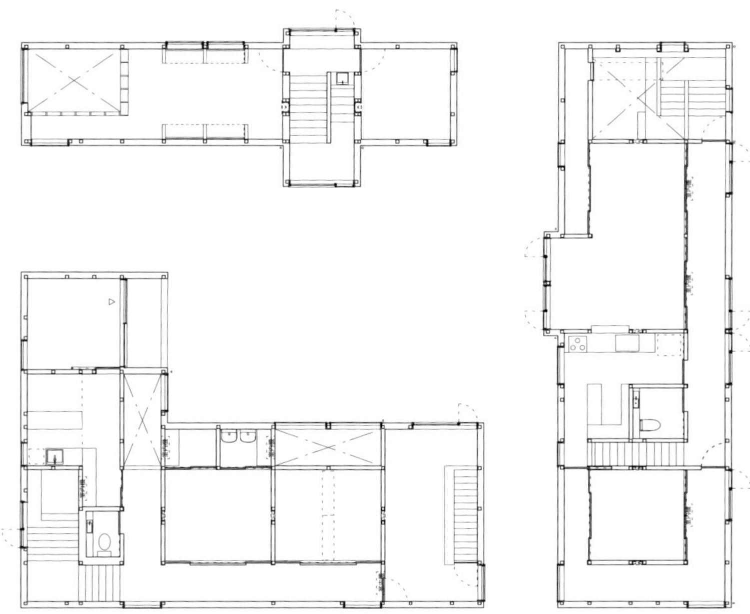

2階平面図　1/250

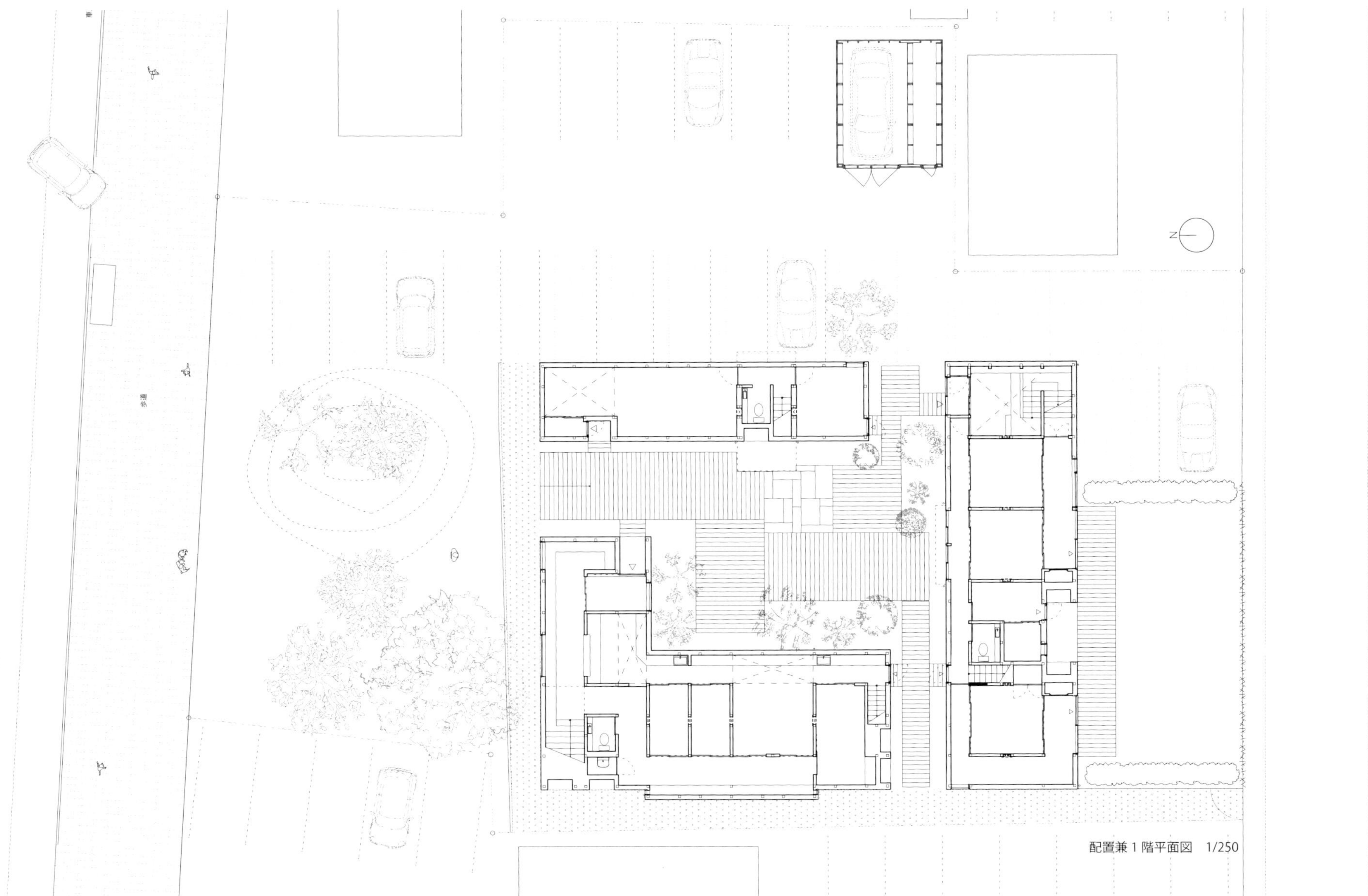

配置兼１階平面図　1/250

住居棟、廊下のない倉庫棟、のように、居室と動線の組み合わせの類型により構成するとともに、455mm モデュールによる同一幅で統合した。
各棟の内壁面の各所に貼られた有孔パネルは、室内の音環境を制御するとともに、展示壁としても機能する。一方、居室を仕切る壁面に帯状に縦に貼られた455mm 幅の有孔壁は、建物の床下を流れる暖気を2階居室へ繋ぐ垂直ダクトの吹き出し口としての役割を担っている。また住宅棟の居室を取り巻く前室空間は、居室の環境性能向上のためのバッファーゾーンでもある。

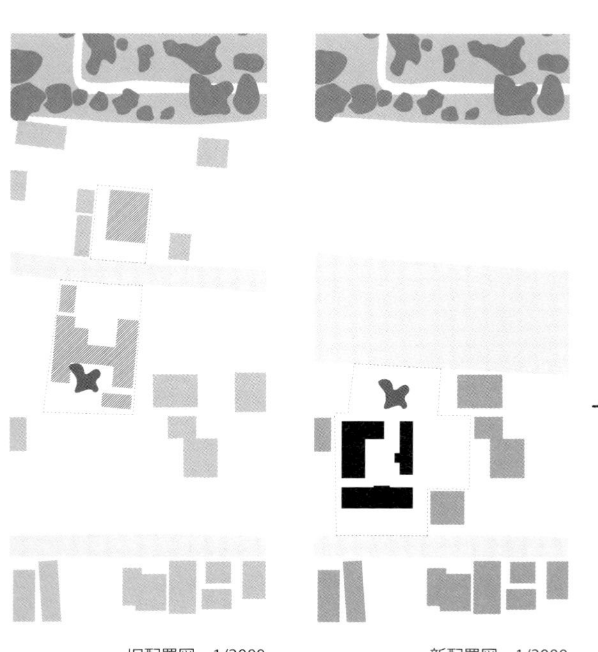

旧配置図　1/2000　　新配置図　1/2000

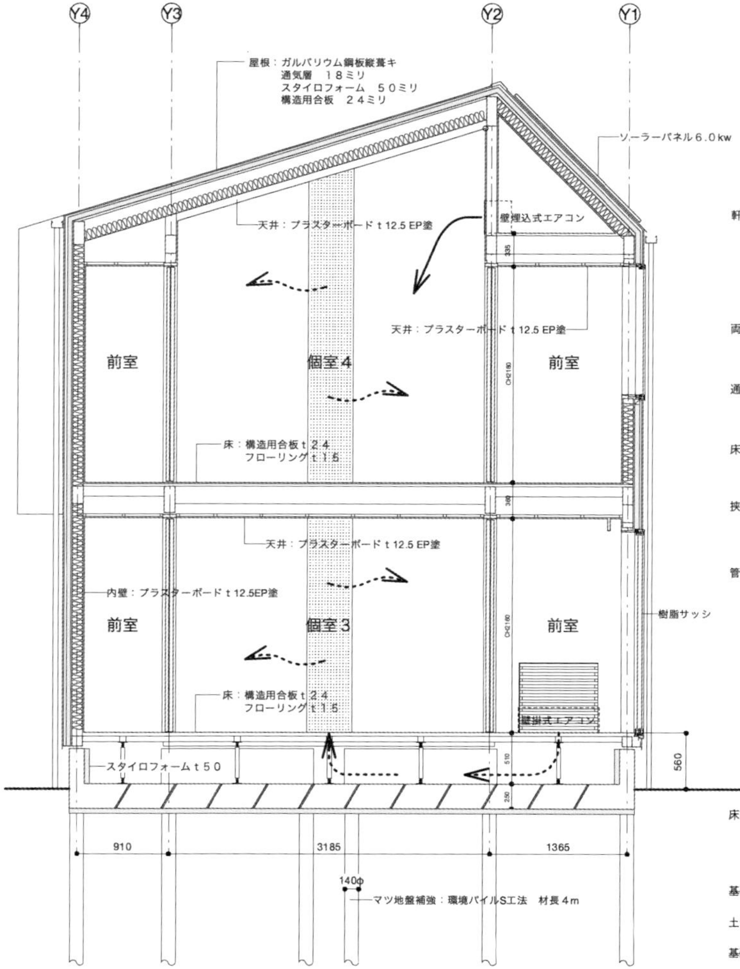

断面詳細図　1/75

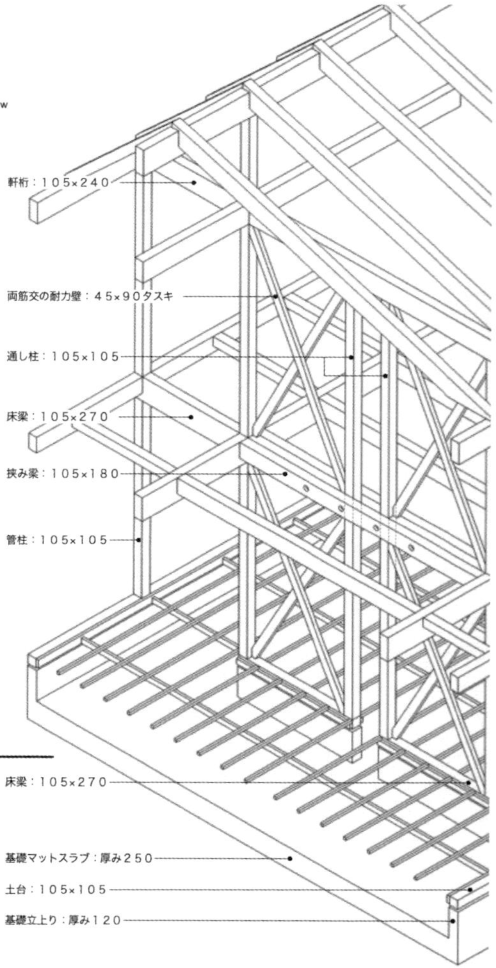

軸組ダイヤグラム

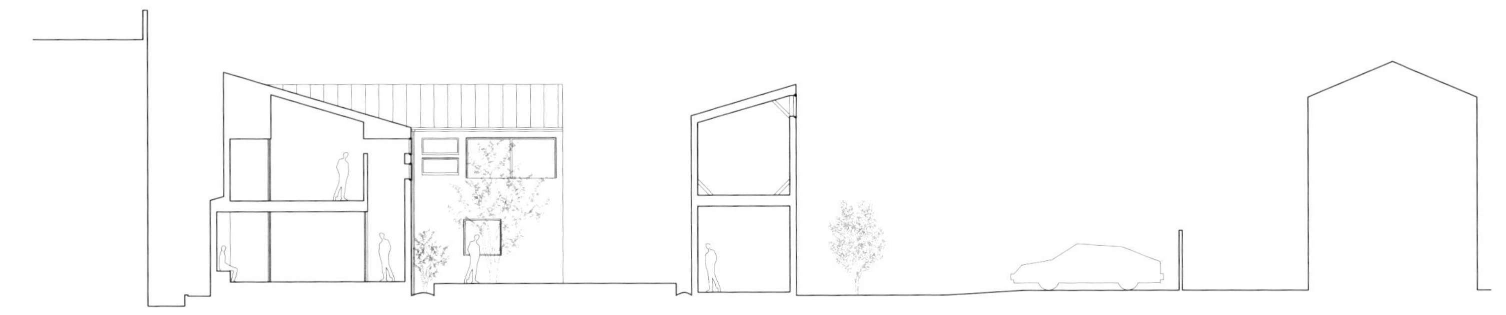

西 - 東断面図　1/250

北 - 南断面図　1/250

10　T平面の家

敷地内を仕切り繋ぐ住宅

この住宅は夫妻とその母及び祖母の４人のための住まいである。初めて更地となった現場の中央に立って四周を見渡したとき、敷地の内外にわたって散在する様々なエレメント（隣家、墓地、防風林、土蔵、倉庫、庭木、外便所など）がやや未整理なかたちで同時に視野に入ってきた。こうした景観は、建築によってある秩序を設けることで再整備が可能であり、建てるべき住宅にその機能を担わせることが必要であると考えた。

平面がＴ型であることで、同一平面内で建物内部を３つのゾーンに分けることが容易となり、そのことで建物の幅が室の幅と同一にできた。ここでは内外の連続感は開口部の大きさに依存するのではなく、外部との距離感で獲得される。その結果、室内のあらゆる位置・角度から、複数の庭の景観が様々なかたちで常に見え隠れし、それらが室相互のインテリアに差異をもたらしている。

さらにＴ型のヴォリュームは、敷地全体を３つのエリア（オモテ／オク／ウラ）に仕切ると共に、外部に立ったときの視野の方向をコントロールする。各エリアは、Ｌ型の外壁面、既存の倉庫、塀などによって比較的閉じた小規模な庭となっているが、住宅の開口部を通じて、相互に視線的、動線的な繋がりをもたせている。屋根の延長として建物の外周に巡らされた軒先は、建物本体のシェルターとしての性能を高めると同時に、建物内部のための外部動線を形成しており、また庭の垂直方向のス

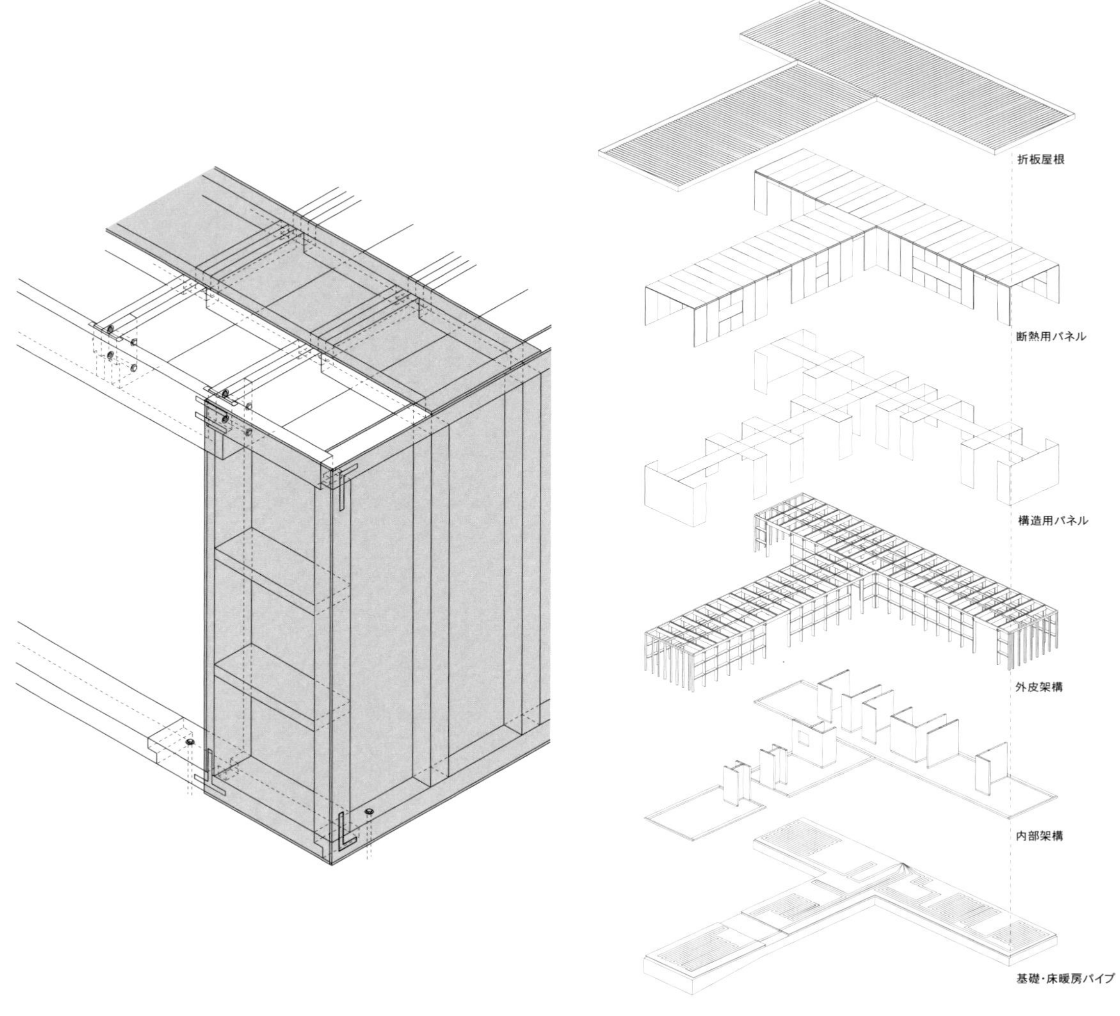

架構ディテール

架構図

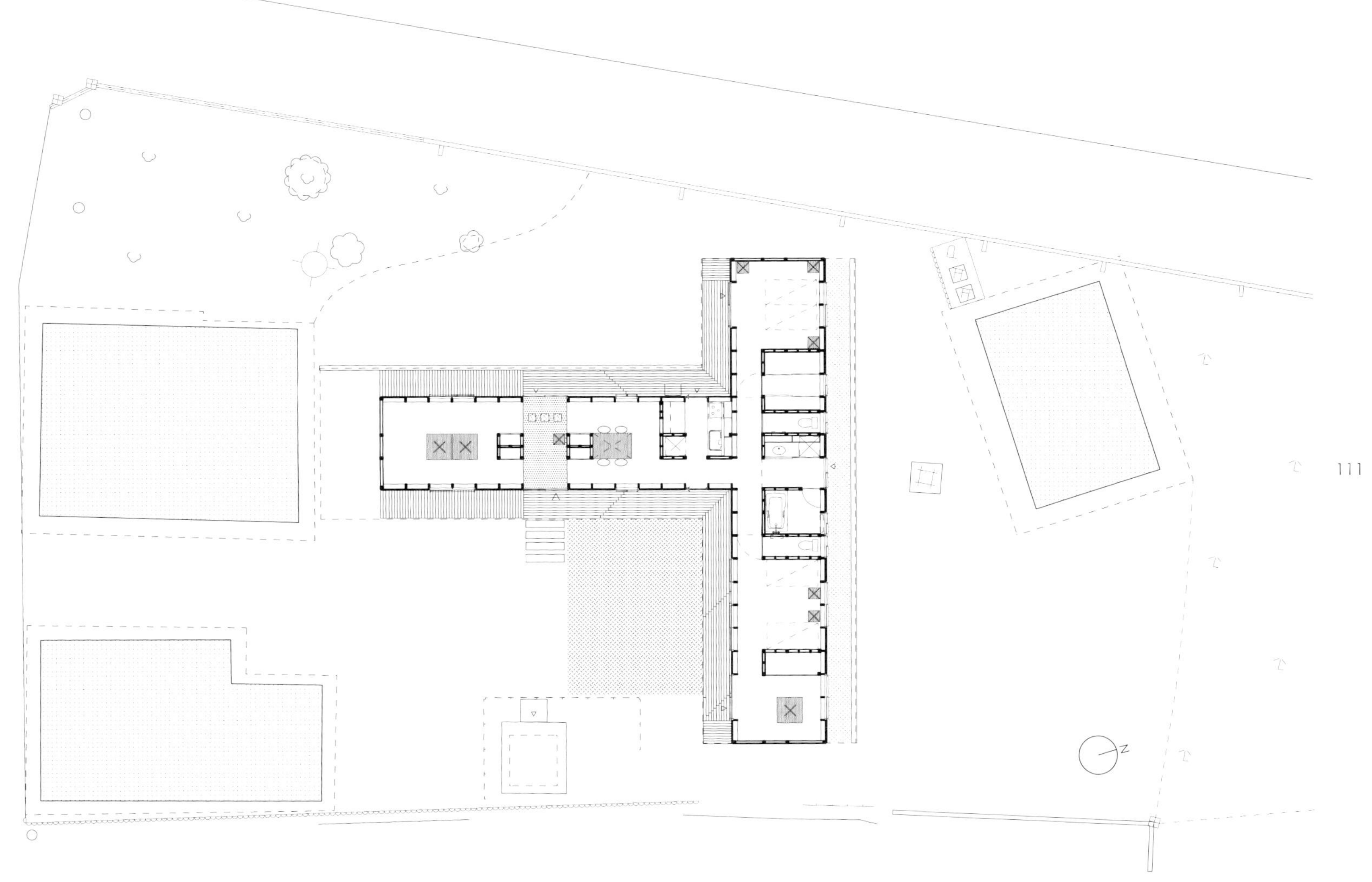

配置兼１階平面図　1/250

ケールを決定づけている。

このように、当初の印象であった<未整理な状態>は、平面的な操作によって次第に整理されていった。しかしながら何度も現地を訪れるうちに、この場所のもつもうひとつの特性は、時間の堆積度がまったく異なるものが混在している状態ではないかと気づき始めた。墓地・土蔵・小社・防風林の歴史的重みと、波板倉庫・ブロック塀・外便所の軽さが併存するこの場所は、未整理とはいえ私にはとても豊かなものに感じられた。そこで、この状態をより積極的に顕在化させるためのシステム、すなわち過去を呼び覚まし、現在を刻み込み、未来への創造が共存する環境を、この敷地に与えることが重要であると考えた。即物的なディテール、抑制されたスケール、均質的な場の併置、内壁全面にわたり設置された格子棚、緑化フェンスなど、これらは何度も繰り返し使用することによってあらわれる<空間の風化>の受け皿である。

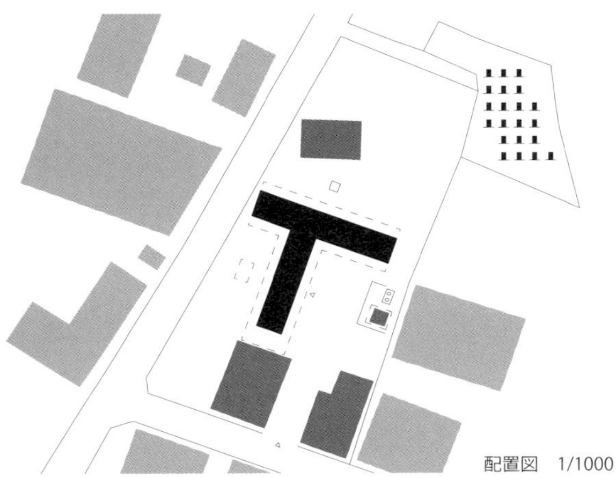

配置図　1/1000

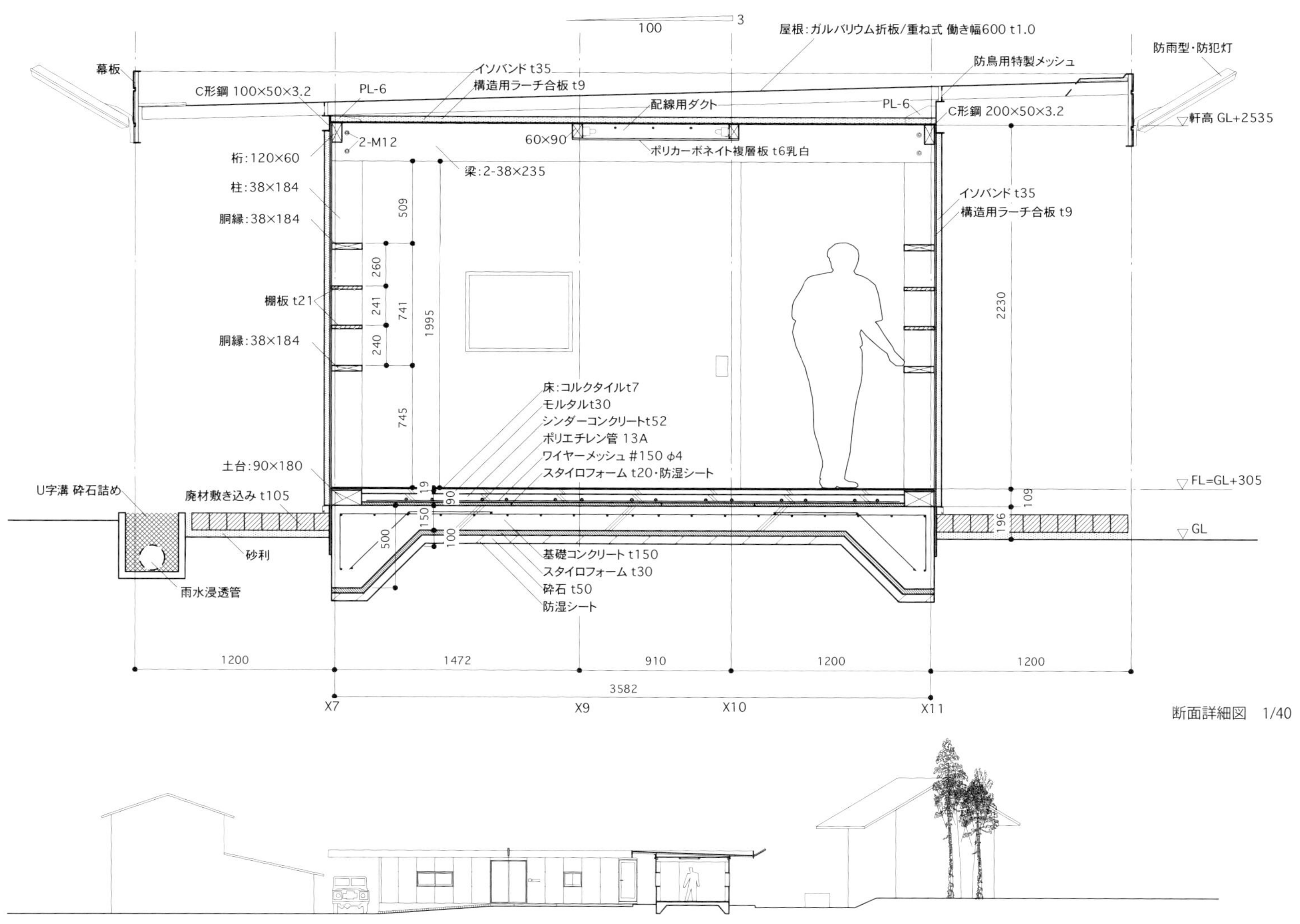

断面詳細図 1/40

断面図 1/250

11　バレエの家 II

大空間を上から支える木造住宅

郊外住宅地の一角の約 200㎡の敷地に、バレエスタジオを併設する住宅を新たに新築するものである。住居と仕事場を１つの建物内に設けた、いわゆる兼用住宅（または併用住宅）は、職住一体化のメリットやライフスタイルの変化とともに、ベッドタウンと呼ばれる郊外住宅地の中にも多く見られるようになった。施主はすでにこの場所でバレエ教室を自宅内で経営していたが、建物の設備的な老朽化に伴い全面的に建替えることとなった。

広さ約 100㎡で天井高 3m のバレエ専用のスタジオ、8台以上の駐車場、2 名以上の家族の住居、これが施主からの要件であった。スタジオ、駐車場、住宅、これらを敷地内に納めるために３つのヴォリュームを立体的に重層させた。まず、道路面からやや上がったレベルまでコンクリートの布基礎を立ち上げ、その下を駐車スペースとした。次に、木造の無柱空間（8m × 12m）のスタジオの上部に住宅を載せるために、スタジオの壁面上部のパラペット部、及び住居内の間仕切り壁の一部を木造トラス架構梁（一部吊り鉄筋で補強）として用いている。

建物の外観は、周辺からやや高台となっているため、車道に面した 3 方向から良く見える。そのため、矩形の外壁面の隅を湾曲させてスパンドレルの金属板をシームレスに連続させ、そこに緩やかな外部階段を取り付けることで、外観にシンボル性をもたせた。

建物は一見すると、建物がピロティで地面から持ち上が

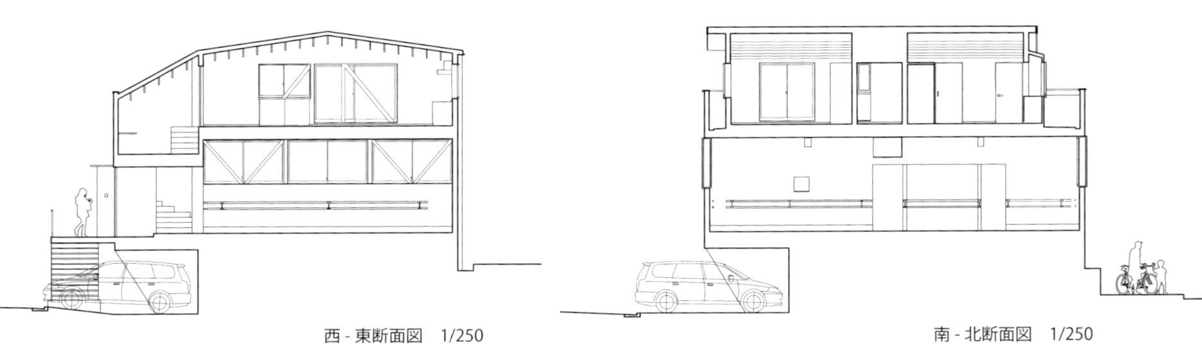

西 - 東断面図　1/250

南 - 北断面図　1/250

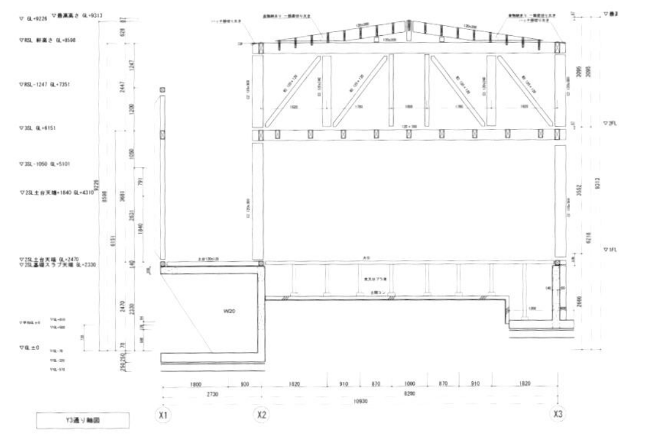

軸組図　1/250

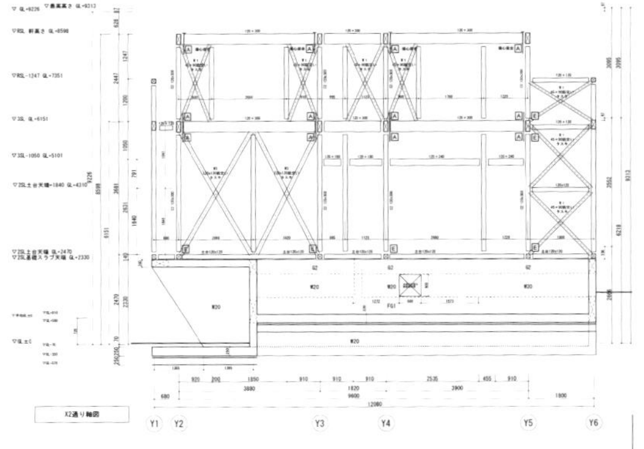

軸組図　1/250

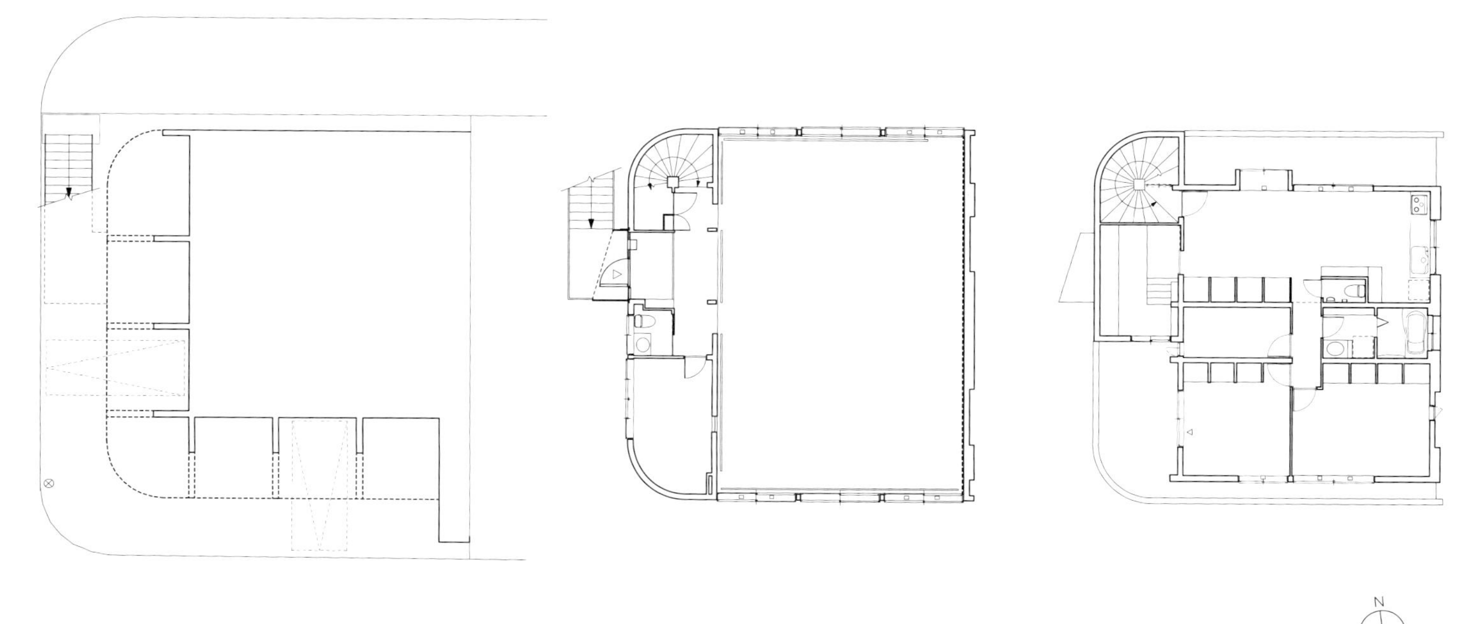

配置兼 1 階平面図　1/250

2 階平面図　1/250

3 階平面図　1/250

り、その陸屋根の建物の上に切妻の小屋（＝住居）が載っているように見える。しかし実は、建物の床はほぼ地面に接しており、屋上の住居は屋根の上に載っているだけではなく、梁としてスタジオの天井全体を支えているなど、実体としての架構システムとその表現とのズレが、この建物の特徴となっている。

配置図　1/1000

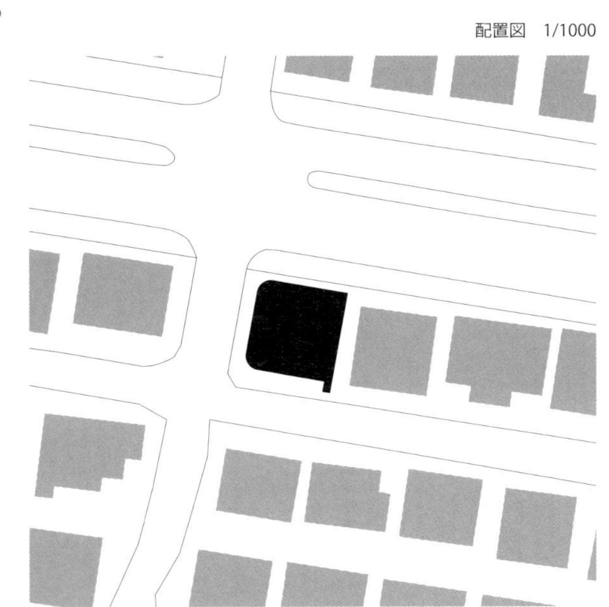

12　バレエの家 I

大小多数の空間パーツを立体的に繋ぐ扉と窓

最寄りの私鉄駅からほど近い約 200㎡の矩形敷地に、バレエスタジオを含む兼用住宅を計画したものである。施主は元バレエダンサーの指導者であり、スタジオの空間規模や環境、付属する諸室などについて一定の水準を求めた。また、住居部分に対しては、2 世帯の自立した住まいとバレエ関係者と直接応対できるスペースなどを要望した。こうした複雑なプログラムを解くために、ここではまず一種の空間モデル、すなわち 1 つの大きな箱を立体的に空間分割して小さな立体パーツをつくり、各パーツどうしの接触面に穴を開けていくという図式の中から設計を進めた。

外部からの出入り口は 2 箇所ある。 1 つは路側に設けたスタジオの玄関で、地階のスタジオ、2 階のリハビリ室や診察室、さらに 3 階の休憩室を階段で結ぶ。もう 1 つは東側に設けたプライベートな玄関で、2 階及び 3 階の各住戸へと至る。

この公私 2 つの動線は、2 階の階段室や納戸、さらに 3 階の前室や屋上テラスなどを介して互いに連絡が可能となっている。また公私に分割されているこの両空間は、建物中央に設けられたスリット状の吹き抜け空間を介して、視線的に繋がっている。

最大の空間パーツであるスタジオ（7m × 12m ×高さ 4m）は、周辺住宅地への防音対策のため半地下にあり、コンクリートの壁で囲まれている。レッスン中は（音響

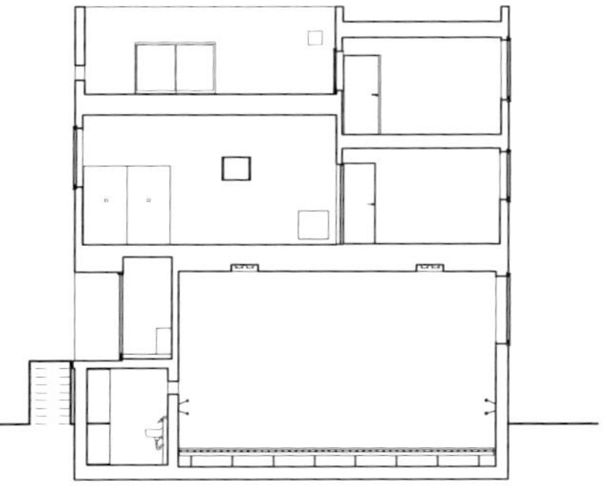

西 - 東断面図　1/250

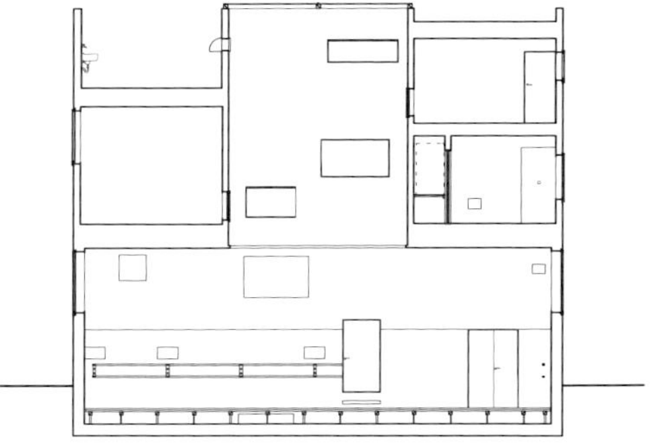

南 - 北断面図 1　1/250

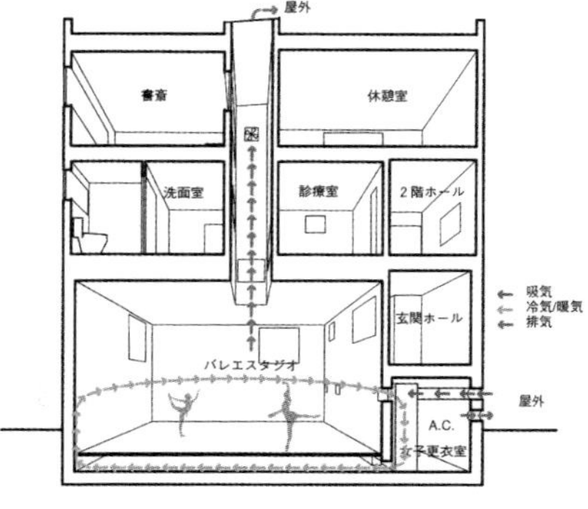

西 - 東断面パース　1/250

南 - 北断面図 2　1/250

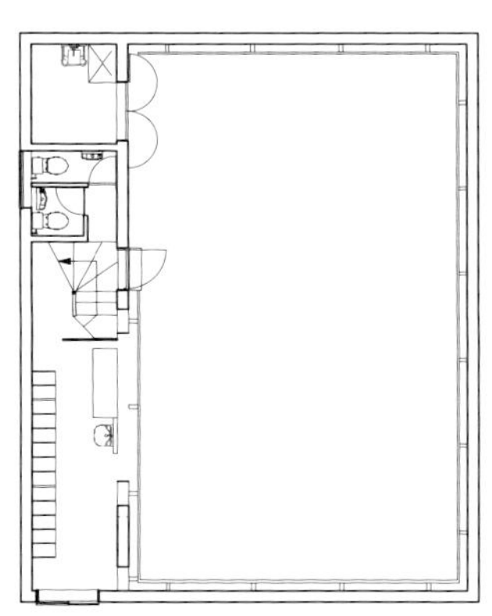

地階平面図

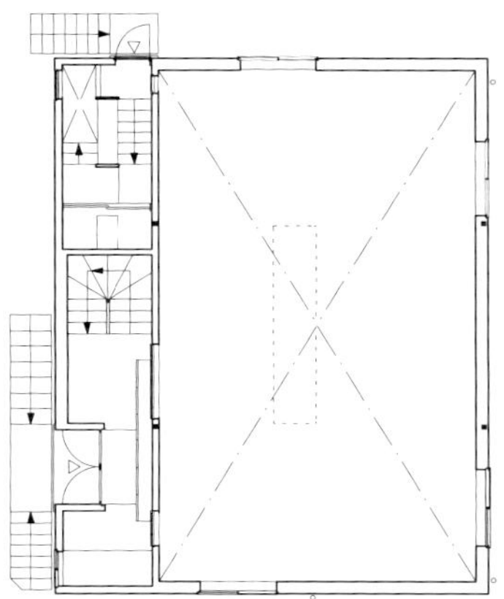

1 階平面図　1/250

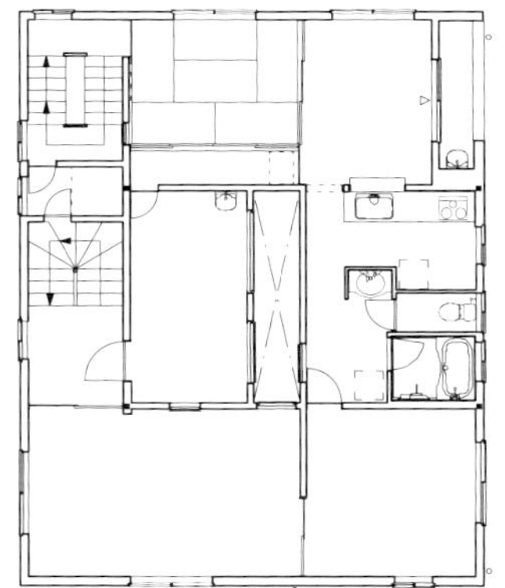

2 階平面図

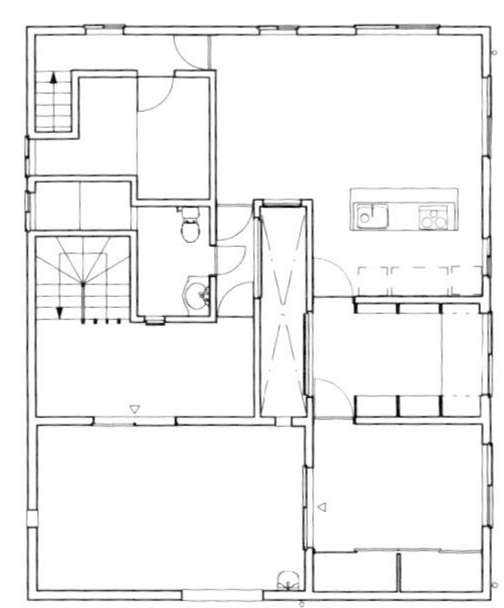

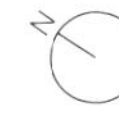

3 階平面図

の問題で）窓の開閉が不可能なので、スタジオ中央部の天井に開けられたスリット状の吹き抜け空間を通して3階テラスから換気する。リノリウムが敷かれた床の下には、足への衝撃を和らげるためのバネが設置されており、床面と壁面との隙間は床下の空気の吹き出し用スリットとなっている。なおスタジオの無柱空間は、４つの鉄骨無垢柱とトラス梁を挿入することで成立している。

配置図　1/1000

コラム III　住宅と都市との多様な関係

住宅とは、特定の人間が一定の期間自由に活動できる空間または建物であるといえる。住むという機能をもつ建物である住宅は、その建物の内部条件や外部環境などによって様々なかたちで存在している。誰が何処に住むかによって、その住宅の形式は異なるわけであるが、そのことに加えて、住むということの意味の多様性を見出すこともできる。すなわち住むことが単に、寝て、起きて、食事をして、リフレッシュするという、機能的な行為の繰り返しではなく、より広がりのある意味を住むことに付与できれば、その容器である住まいについてもその再定義が可能であり、住宅と都市の関係もよりシームレスなものとなるだろう。

都市の中の住宅

東京のような大都市、特にその都心部においては、住宅と都市の区切りが、少なくとも機能的な側面においては曖昧となっている。例えばワンルームマンションの住まいは、その周囲のカフェ、レストラン、図書館、スポーツジム、そしてコンビニなどの施設によって機能的に補完されている。反対に、フードデリバリーやオンラインシステムなどの発達により、住宅から一歩も外出することなく外部の世界と繋がることが可能である。

こうした住宅の都市への散逸化と都市からの集約化の変容について、かつて「Tokyo Dwelling（東京居住）」（注 1）として 1996 年の UIA 世界大会で発表した。この着眼点は、1966 年に東京青山に建てられた「塔の家」（注 2）における設計者（＝施主）の都市住宅に対する宣言の延長によるもの

注 1：Tokyo Dwelling（東京居住）
国際建築家連合（UIA）により 1996 年 7 月にバルセロナで開催された世界大会で、東海大学岩岡研究室が発表・展示したプロジェクト。明治から現代に至る巨大都市東京の変貌を背景に、住むための家がどのようなかたちで進化しているかを、現象学的に明らかにした。

注 2：塔の家（Tower House, 1966）
東京渋谷区の目抜き通り沿いの約 20㎡の三角形の敷地に建つ、RC 内外打ち放しの 5 階建の専用住宅。建築家の東孝光（Takamitsu Azuma, 1933-2015）設計の自邸。述べ床面積は 65㎡で都心の狭小住宅の先駆けといわれる。地上の室内はラセン階段を中心にほぼワンルームであるが、それ以外に 1 台分の駐車場と地下室がある。

であり、現代において、住宅の機能が都市へと拡散し、逆に都市に散逸していた機能が住宅内へと集中する変化の象徴として捉えることができるだろう。

環境づくりの原点として住居

南フランスの辺境の地にある「ル・トロネ修道院」（注3）は、中世建築の姿を今も残すシトー会派の修道院として、多くの人々が訪れる。この修道院を建設するのに際して、まず敷地北側にほぼ東西に流れる河川があり、その川辺のラインに合わせて住まい倉庫を建てた。その後に（完全な東西軸に沿って）教会堂とそれに付属する施設を建設し、最後にそれらを回廊で連結したのである。つまりこの建物は、まず小さな宿泊所と食堂、すなわち飯場（はんば）のようなバラックを水場の近くに建設し、それを拠点として修道院という施設を拡張させていった。

住宅の機能の拡張

東京青山にある「山田守自邸」（注4）は、建築家である自身の自邸兼アトリエであった。いわゆる兼用住宅であるが、その兼用の仕方がユニークである。3階建のRC住宅の2階部分が住居で、それをサンドイッチする形で1階と3階がアトリエである。そのため、上下階を繋ぐ螺旋階段は2階をスルーできるようになっており、もう1つの上下動線である2階居室奥の鉄砲階段は、3階の書斎と1階の倉庫をそれぞれ繋いでいる。こうしてプライベートな住居の中に仕事場という公共的なスペースを並存させている。

注3：ル・トロネ修道院（L'abbaye du Thoronet, 1160-1200）
南仏プロヴァンスに設立されたシトー派修道院の1つ。建築材料の粗く硬い石灰岩は、修道院近くで採掘された。傾斜地に沿って建っているため、変形四角形をした回廊の四隅のポイントは空間上でねじれの位置にあり、教会堂、大寝室、集会室のレベルは互いにスキップフロアとなっている。

注4：山田守自邸（Mamoru Yamada House, 1959）
建築家山田守（Mamoru Yamada, 1894-1966）の自邸兼アトリエ。山田の晩年の住宅作品であり、日本武道館と京都タワービルを並行して設計していた多忙の時期に、自身の住む家と仕事場をできるだけ近接させたいという希望のもとに、こうした複雑なプラニングが出現したと思われる。築山のある庭は、2階のリビングルームから窓越しに望むことができる。

注 5：ヴェルサイユ宮殿（Palais de Versailles, 1682）
フランス王ルイ 14 世がパリ近郊に建てた宮殿及び庭園。バロック建築の代表作で、建物の設計はマンサール及びル・ブラン、造園設計はル・ノートル。<鏡の間>は全長 75m 幅 10m 高さ 12m の大回廊で、長手の片面が鏡張りとなってそこに庭園が映り込む。鏡の間の中央部、建物全体の中心軸上に、壁を挟んで庭園の反対側の中庭に向いて、王の寝室がある。

注 6：カッパドキア（Cappadocia）
トルコの中央部、アンカラの南東にあるアナトリア高原の火山によってできた大地一帯を指す。特にギョレメ地区には、円錐状の岩石の一部をくり抜いて作った古代住居の跡が多くあり、その後の古代ローマの時代にキリスト教の修行僧によってつくられた石窟教会や地下都市なども残っていて、現在でもそうした洞窟住居に暮らす人々がいる。

注 7：ヤオトン（Yaodong）
中国の黄土高原に普遍的に見られる住居形式。単純に崖地に直接横穴を掘り（＝洞穴式）、その空間の手前に通常の建物を接続させているものや、中庭を掘ってそこからいくつかの横穴を掘るもの（＝地杭式）などがある。黄土高原の表土は柔らかく多孔質であるため掘削が容易であり、また適度な室内環境が期待できるために、こうした住居が一般化した。

住宅の中の私的な部分と公的な部分の共存は、例えば「ヴェルサイユ宮殿」（注 5）の鏡の間の背後に位置する王の寝室といった、かつての支配階級の大邸宅などに限らず、現代の住宅においても、例えば客間や仕事場、ゲストルームやカフェといった空間をもつ住宅に共通するあり方であるといえよう。こうした住宅の機能の拡張は、兼用住宅あるいは併用住宅といった用途併設型の住宅から、住戸を併設した雑居ビルなどの建物に至るまで、多くの住宅に見られるようになった。

外形のない住宅

住宅が周囲の環境の中に溶け込んでいく、敷地の境界を超えて地形と一体化する住宅、こうした事例は近代以前のヴァナキュラーな住居に多く見られる。例えばトルコ中部の「カッパドキア」（注 6）には、円錐型の岩山をトンネル状にくり抜いた住居跡が数多く残っている。この洞穴住居群は初期キリスト教徒の隠居としても使われたため、内部のインテリアには教会堂を模した壁画が描かれているが、住居の外観は自然の地形のままとなっている。

中国の黄河流域には「ヤオトン」（注 7）と呼ばれる住居形式の住宅があり、今なお 1000 万以上の人々が崖や地面に掘ったこの穴居住居に暮らしている。構造的な理由から、いずれもヴォールト状の空間で間口が 3~4m と類似しており、また換気を確保するために、前面のファサード及び最奥の天井部と上空を結ぶ小さな換気塔を設ける場合がある。

イタリアのカプリ島の崖地に建つ「マラパルテ邸」（注 8）は、旧市街から見下ろすと崖上に張り付いたコンクリートの基壇のみが見えて本体がないのように見える。実際には、そこはソラリウムと呼ばれる屋上テラスであり、その下に大きな室内空間が展開している。一方、スリランカ南部の崖上に建つ「レッド・クリフ・ミリッサ」（注 9）と呼ばれる住宅は、一見すると吹きさらしの室内のみで外壁がまったくないように見えるが、実際には半地下の閉じた部屋が手前にある。

見えない都市

地下防空壕や避難シェルターなども、外部から視覚的に見えない構造となっている。「松代大本営跡」（注 10）は、太平洋戦争末期に、首都移転のために政府が長野県の山奥に築いた地下坑道跡である。小高い 3 つの山の中に、政府機関、報道機関、皇居、宮内省、備蓄庫などが設定され、上空からほぼ見えない構造となっていた。政府機関が入る予定の象山地下壕の内部には、総延長 6km に及ぶ坑道がグリッド状に配された。

視覚的に隠されたこうした＜見えない＞都市空間は、現代の平和な時代においては、動線的に閉ざされた都市空間、例えば住宅のさらなる安全性を獲得するための超管理システム、すなわちゲーテッド・コミュニティ（注 11）にも繋がる。ゲートを設けて周囲を塀で囲み、住民以外の敷地内への出入りを禁止することで、ゲートの中のコミュニティには一定の安心・安全が確保されることになるが、逆に敷地内部の出来事が隠蔽され外部から隔離されることで、かえって危険な状況に陥ることもあるだろう。

パリ 13 区にある 1970 年代末につくられた「オート・フォルム街の集合住宅」（注 12）は、アンチ・ゲーテッドの先駆けであった。塀のない 1 つの街区の中に、形態の異なる複数の住棟が立ち並び、その街区の中央を市

注 8：マラパルテ邸（Casa Malaparte, 1937）
イタリア南部のカプリ島の断崖絶壁の上のある、ジャーナリストのマラパルテ氏が自ら設計・建設した別荘。イタリア合理主義の建築家アダルベルト・リベラ（Adalberto Libera, 1903-1963）の設計案を元にしている。建物へのアプローチは、旧市街から狭い一本道を降っていく方法と、ボートを岩礁に着けて階段を上っていく方法がある。

注 9：レッド・クリフ・ミリッサ（Red Cliffs Mirissa, 1998）
スリランカ出身の建築家ジェフリー・バワ（Geoffrey Bawa, 1919-2003）がスリランカ南部の町ミリッサの海岸沿いに設計した一棟貸の別荘。空調の効いた半地下の寝室は最小限の面積に絞り、それ以外の部屋は全て屋外となっており、海風と夕日を満喫できる住宅となっている。

注 10：松代大本営跡（Matsushiro Underground Imperial Headquarters）
太平洋戦争末期に計画された一大遷都構想に基づく地下壕の跡地。現在一般公開されている象山地下壕は、約 2.3ha の中に、底長 4m、頂長 2.7m の断面サイズのトンネルが､20m × 50m の間隔でグリッド状に配されている。

注 11：ゲーテッド・コミュニティ（Gated Community）
敷地の周囲を塀で囲み、内外の出入りを一部のゲートのみに制限する戸建て住宅群や集合住宅団地、あるいはその内部に住む住民のコミュニティ。特に治安の悪い地域の中や、周辺から隔離された地区に対して設ける場合が多い。

注 12：オート・フォルム街の集合住宅（Hautes-Formes, 1970-1980）
建築家クリスチャン・ド・ポルザンパルク（Christian de Portzamparc, 1944-）がパリ 13 区に設計した公共集合住宅。全 209 戸からなる。

注 13：白鬚東アパート（Shirahige-Higashi Apartments, 1982）
東京都墨田区の隅田川沿いに建つ都営住宅団地。隣接する公園とともに、大規模な都市火災発生時に 8 万人が収容できる防災拠点として整備された。高さ 40m の板状の建物 18 棟が 1.2km にわたって直列に配され、建物相互の隙間には災害時に閉鎖するゲートが設けられている。各住戸のバルコニーには防火シャッターとスプリンクラーが備えられ、屋上にはウオータータンクが設置されている。

注 14：バイカー再開発プロジェクト
（Byker Redevelopment Project, 1969-1982）
スウェーデンの建築家ラルフ・アースキン（Ralph Erskine, 1914-2005）がイングランド北部のニューカッスル・アポン・タインで手がけた大規模再開発プロジェクト。開発前の住宅団地の住民は全てこの閑静な団地内に住み替えることができた。コミュニティの継続という視点からも評価が高い。

民に開かれた遊歩道が貫通している。街区の内と外の境界がなく、都市空間と直接向き合う住棟群は都市型集合住宅の本来の姿であるが、現在はこの街区にもゲートが併設されてしまった。

都市施設として集合住宅

集合住宅は必ずしも住まいの集合体としての機能をもつばかりではない。集合住宅がつくる壁状の形態は、都市景観を構成する重要な建物であるとともに、都市を健全に機能させるためのインフラ的な役割を担っていることがある。例えば、横浜市街地に残る防火帯建築と呼ばれる街区型集合住宅は、都市火災のための堅牢な防火壁としての役割がある。また、東京墨田区の隅田川沿いの「白鬚東アパート」（注 13）は、住宅密集地帯と防災公園の間に築かれた巨大なファイヤーウォールである。

イギリスのニューカッスルにある「バイカー再開発プロジェクト」（注 14）は、バイカー・ウォールと呼ばれる高層の壁型住棟と、低層のテラスハウス群からなる大きな団地で、団地の脇を通る高速道路からの騒音を防御するために、道路沿いにウォールと呼ばれる壁状の高層建築を建て、敷地内には低層のテラスハウスがつくられている。ウォール自体の外側と内側の表情も正反対で、開口部が少ないレンガ張りの道路側の外壁に対して、テラスハウス側の壁面には開放的な共用通路が空中をめぐり、その通路に面して開放された各住戸のリビングルームがある。

アーバン・リビング　都市の居間

都市空間の中に自分の住宅のような居心地を求める人々は少なくないだ

ろう。都市公園や広場といった外部空間に限らず、あるいはショッピングモールやファミレスといった商業施設に留まらず、公共施設のような建物に対してもその役割が重視されている。

「ポンピドー・センター」（注 15）はパリ市民や観光客らのオアシスとしての場所を提供している。元々美術館と図書館が合体した建物であるが、傾斜した前面広場とそれに続く1階ホール、透明なエスカレータを上った先の屋上展望台は全ての人々に開放されている。何よりその奇抜な外観には厚い壁がまったくなく、来る人を拒まない表情をしている。

「シアトル中央図書館」（注 16）も同様に市民のためのリビングルームのような場所となっている。このガラス張りの巨大な図書館は旧市街の斜面に沿うように建てられ、1階と3階にメインエントランスがある。中央のアトリウムには絨毯が敷かれ、多くのソファやテーブルが置かれている。そこに隣接する新聞コーナーは、不法移民を含めた市民の誰でも利用できるようになっているため、様々な風貌の人々がそこの一部を占拠していた。

注 15：ポンピドー・センター（Centre Pompidou, 1977）
パリ4区にある総合文化施設。設計は建築家レンゾ・ピアノ（Renzo Piano, 1937-）とリチャード・ロジャース（Richard Rogers, 1933-2021）が手がけた。延べ床面積約10万㎡の中に、情報図書館、国立近代美術館、映画館、多目的ホールなどがあり、近現代美術のコレクションの数も多い。付属施設として国立音響音楽研究所（IRCAM）、アトリエ・ブランクーシ、ストラビンスキー広場などがある。また本センターの分館がフランス国内外につくられている。

注 16：シアトル中央図書館（Seattle Central Library, 2004）
シアトルのダウンタウンに建つ、延べ床3万3000㎡のガラス張りの巨大な公共図書館。設計はOMA（前掲）ほか。立体的に積まれた開架書庫のスペースは、床が全てスロープ状になっていて、階によって途切れることなく連続した床面を構成している。

13
アビタ戸祭（とまつり）
Habitat Tomatsuri

→ p.146~149

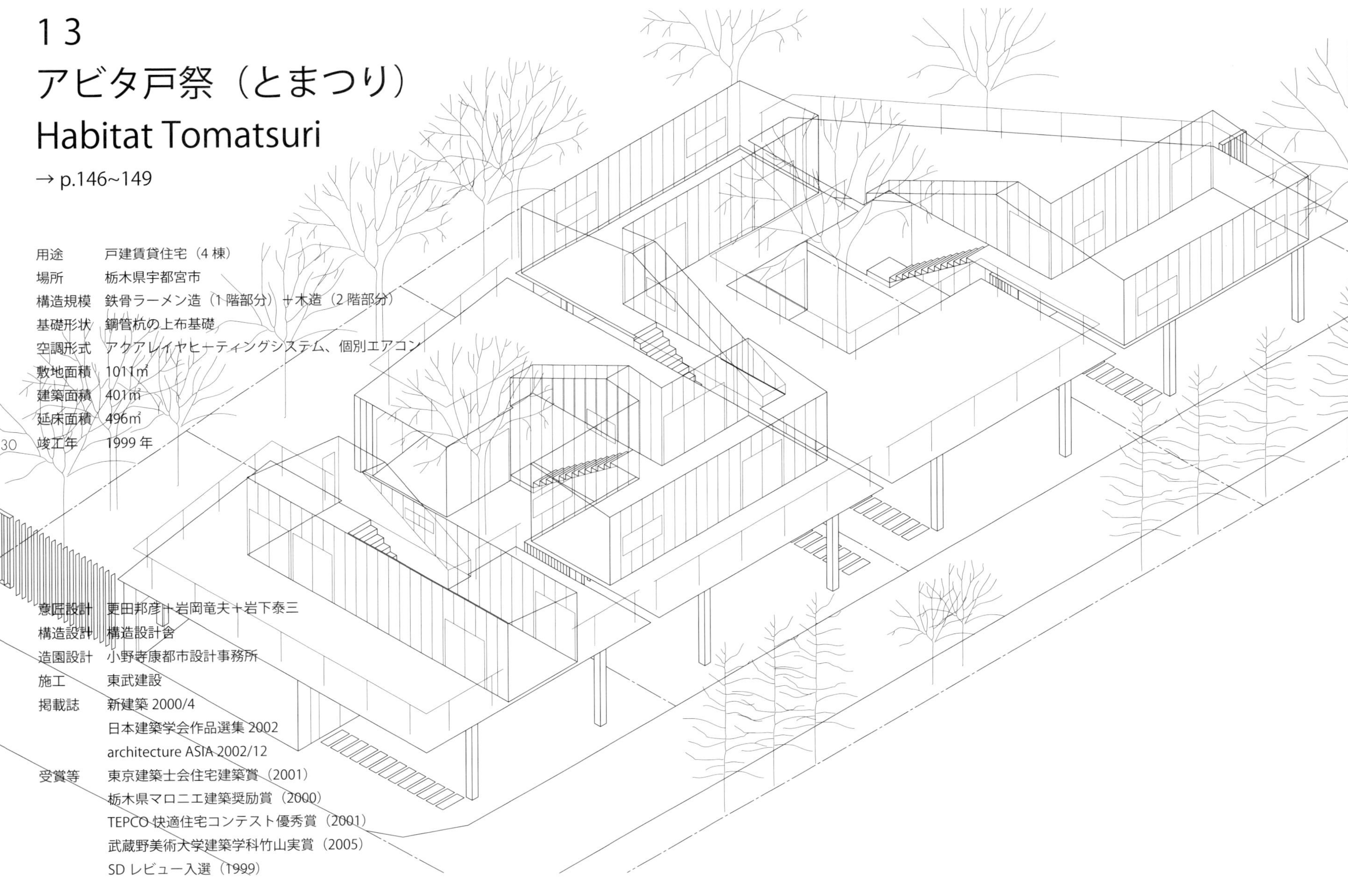

用途　戸建賃貸住宅（4 棟）
場所　栃木県宇都宮市
構造規模　鉄骨ラーメン造（1 階部分）＋木造（2 階部分）
基礎形状　鋼管杭の上布基礎
空調形式　アクアレイヤヒーティングシステム、個別エアコン
敷地面積　1011㎡
建築面積　401㎡
延床面積　496㎡
竣工年　1999 年

意匠設計　更田邦彦＋岩岡竜夫＋岩下泰三
構造設計　構造設計舎
造園設計　小野寺康都市設計事務所
施工　東武建設
掲載誌　新建築 2000/4
日本建築学会作品選集 2002
architecture ASIA 2002/12
受賞等　東京建築士会住宅建築賞（2001）
栃木県マロニエ建築奨励賞（2000）
TEPCO 快適住宅コンテスト優秀賞（2001）
武蔵野美術大学建築学科竹山実賞（2005）
SD レビュー入選（1999）

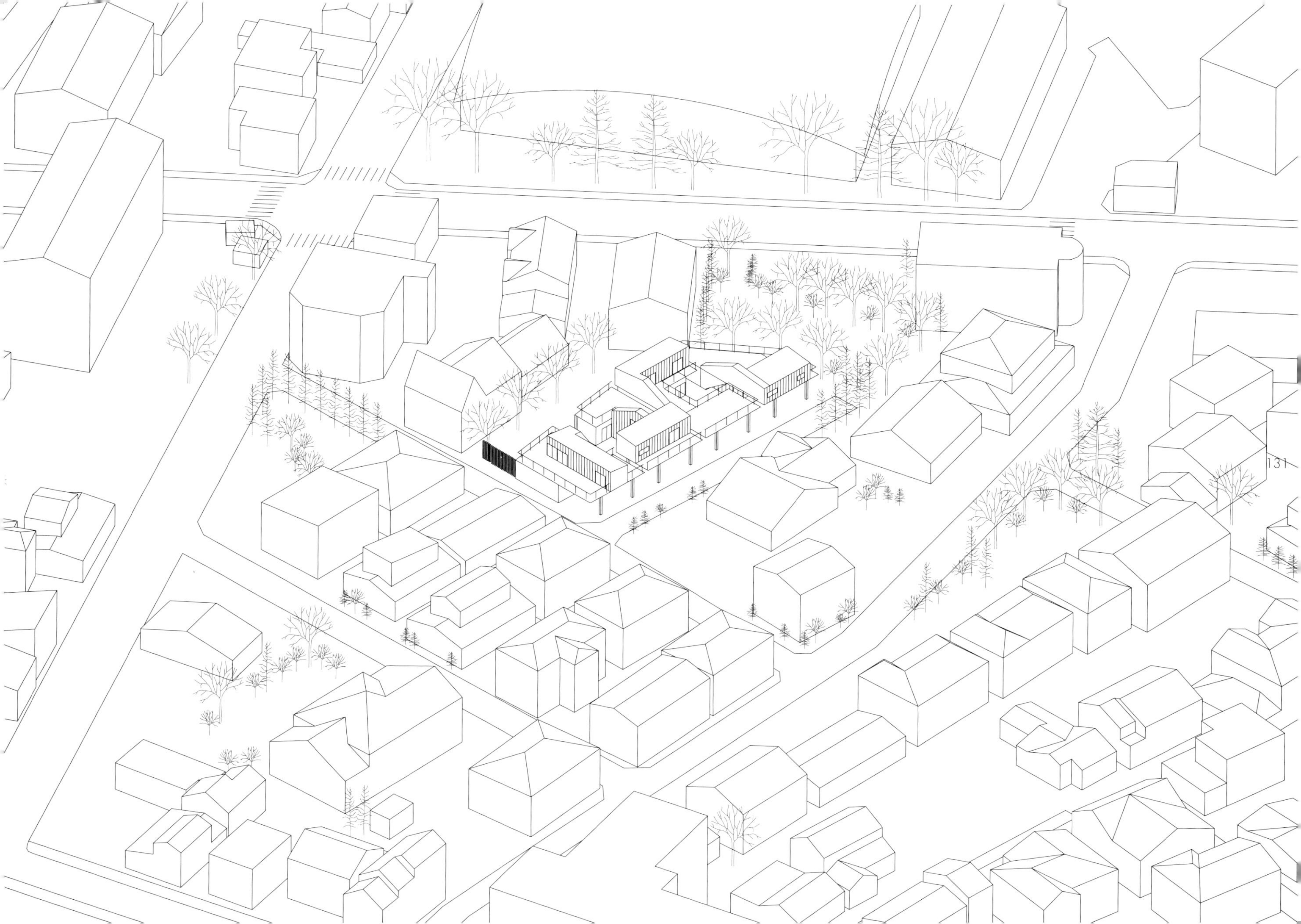

14
林町（はやしちょう）建替住宅
Hayashi-cho Rebuilt Housing

→ p.150~153

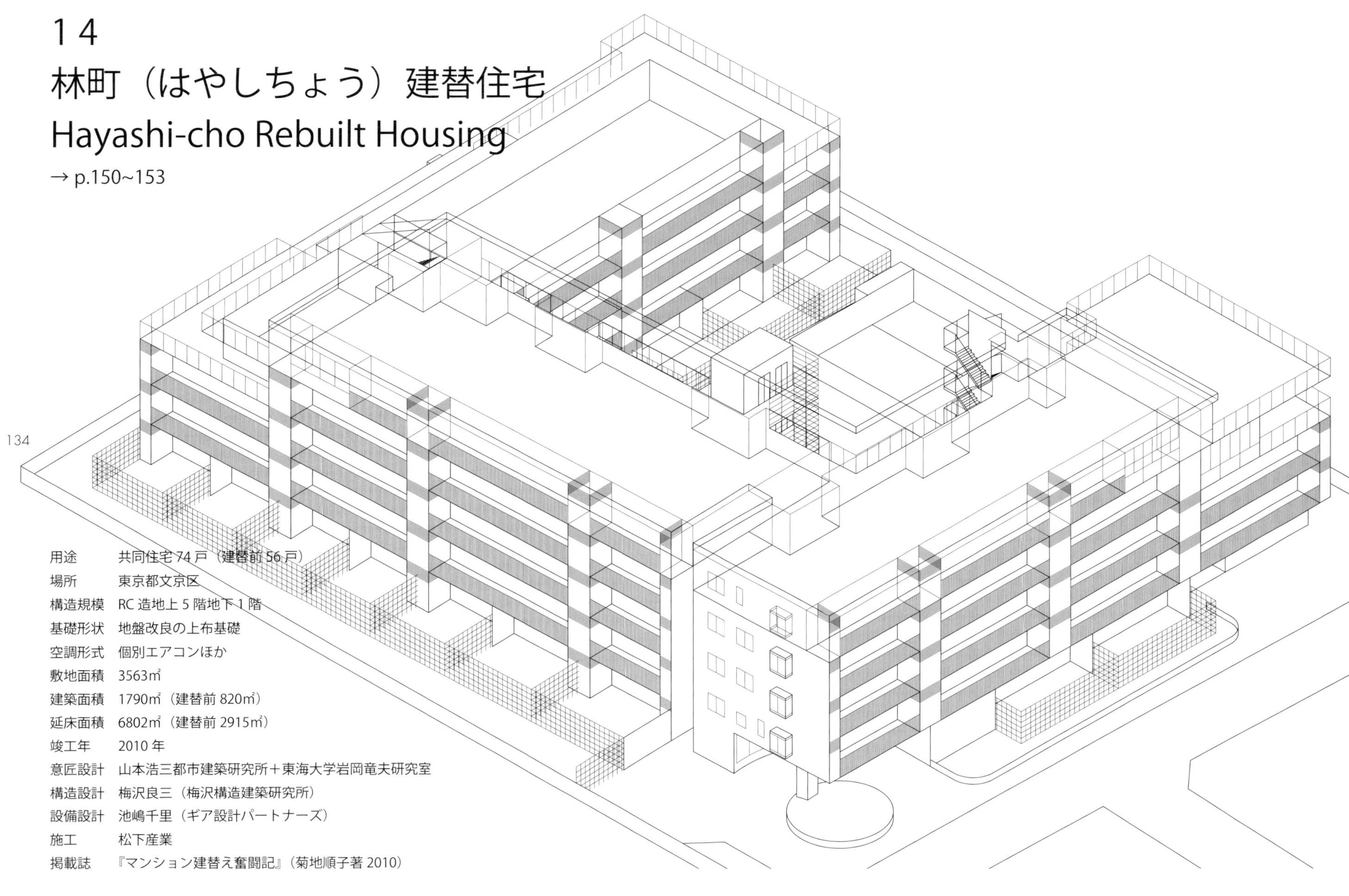

用途　共同住宅 74 戸（建替前 56 戸）
場所　東京都文京区
構造規模　RC 造地上 5 階地下 1 階
基礎形状　地盤改良の上布基礎
空調形式　個別エアコンほか
敷地面積　3563㎡
建築面積　1790㎡（建替前 820㎡）
延床面積　6802㎡（建替前 2915㎡）
竣工年　2010 年
意匠設計　山本浩三都市建築研究所＋東海大学岩岡竜夫研究室
構造設計　梅沢良三（梅沢構造建築研究所）
設備設計　池嶋千里（ギア設計パートナーズ）
施工　松下産業
掲載誌　『マンション建替え奮闘記』（菊地順子著 2010）

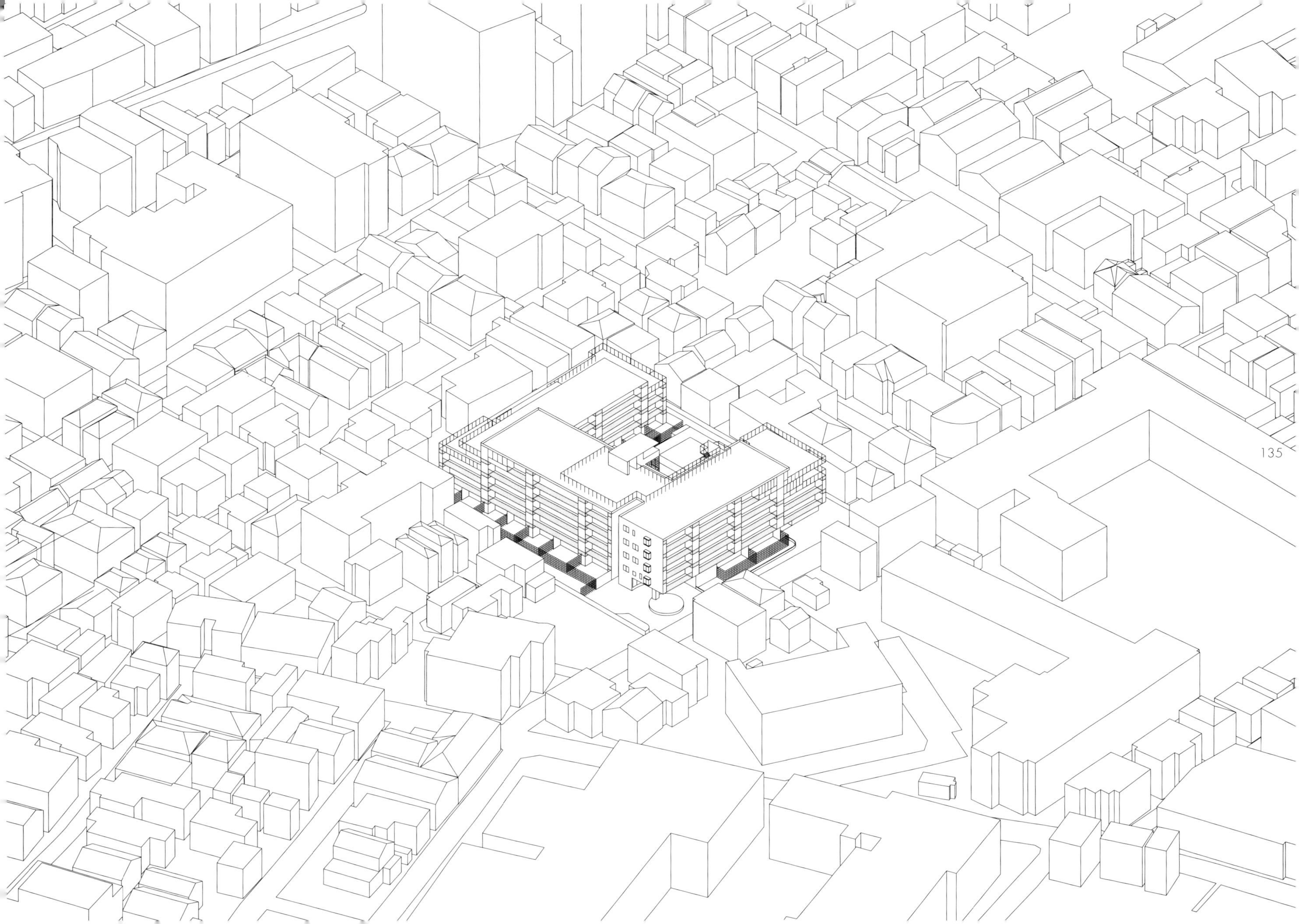

15
スリランカハウス
SRI LANKA Condominium（under construction）

→ p.154~155

用途	共同住宅（9 戸）
場所	スリランカ民主社会主義共和国カダワタ
構造規模	RC ラーメン造 3 階建
基礎形状	コンクリート独立杭の上布基礎
空調形式	個別式エアコン、シーリングファン
敷地面積	506㎡
建築面積	202㎡
延床面積	607㎡
竣工年	2024 年（予定）
意匠設計	東京理科大学岩岡竜夫研究室
構造設計	CIVITECH Constructions LTD.
施工	CIVITECH Constructions LTD.

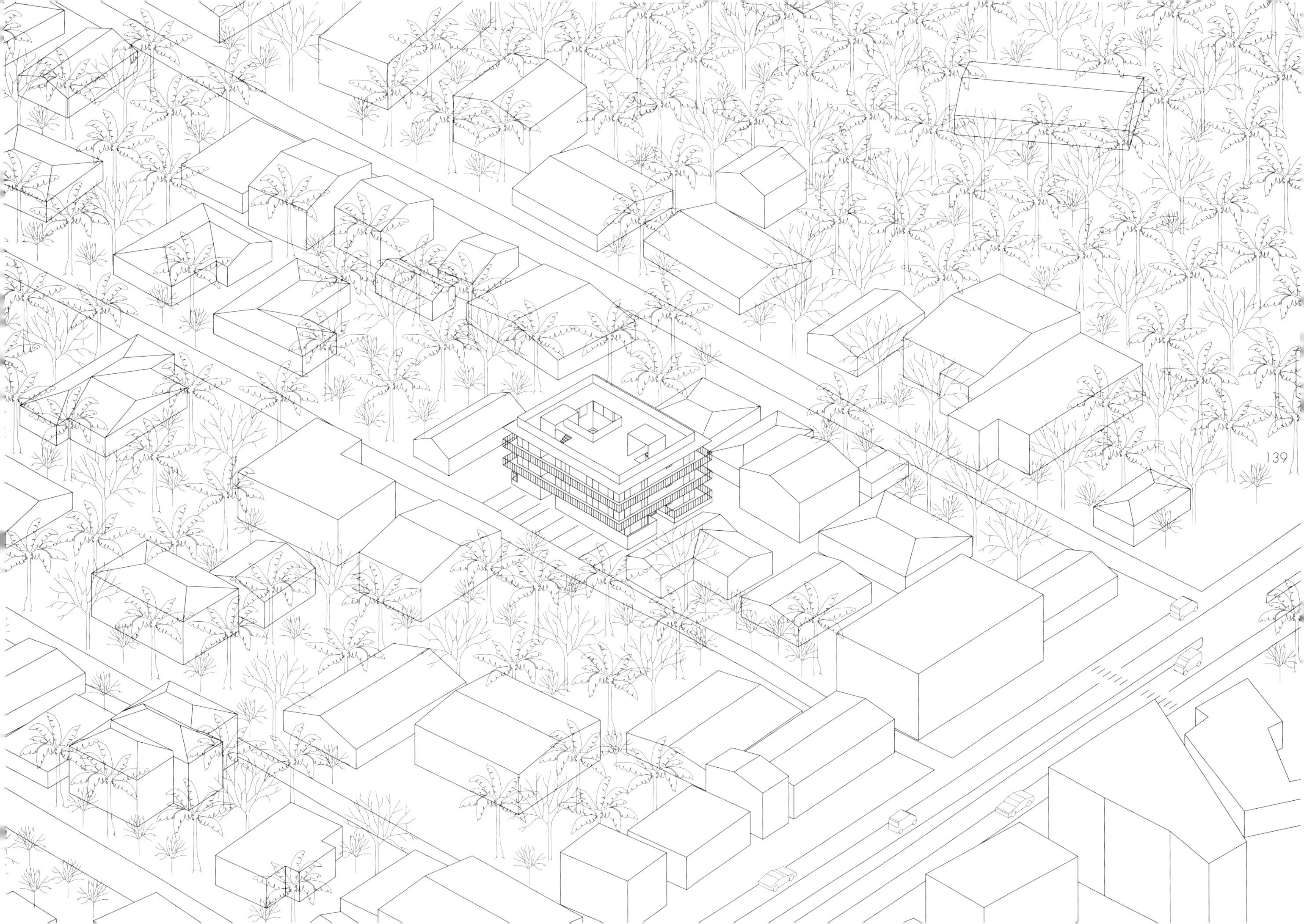

CHEMCO
SALON
Shalani
ARENA BOOK SHOP
C.T.

16
小山（こやま）のローハウス
ROW house（project）

→ p.156~157

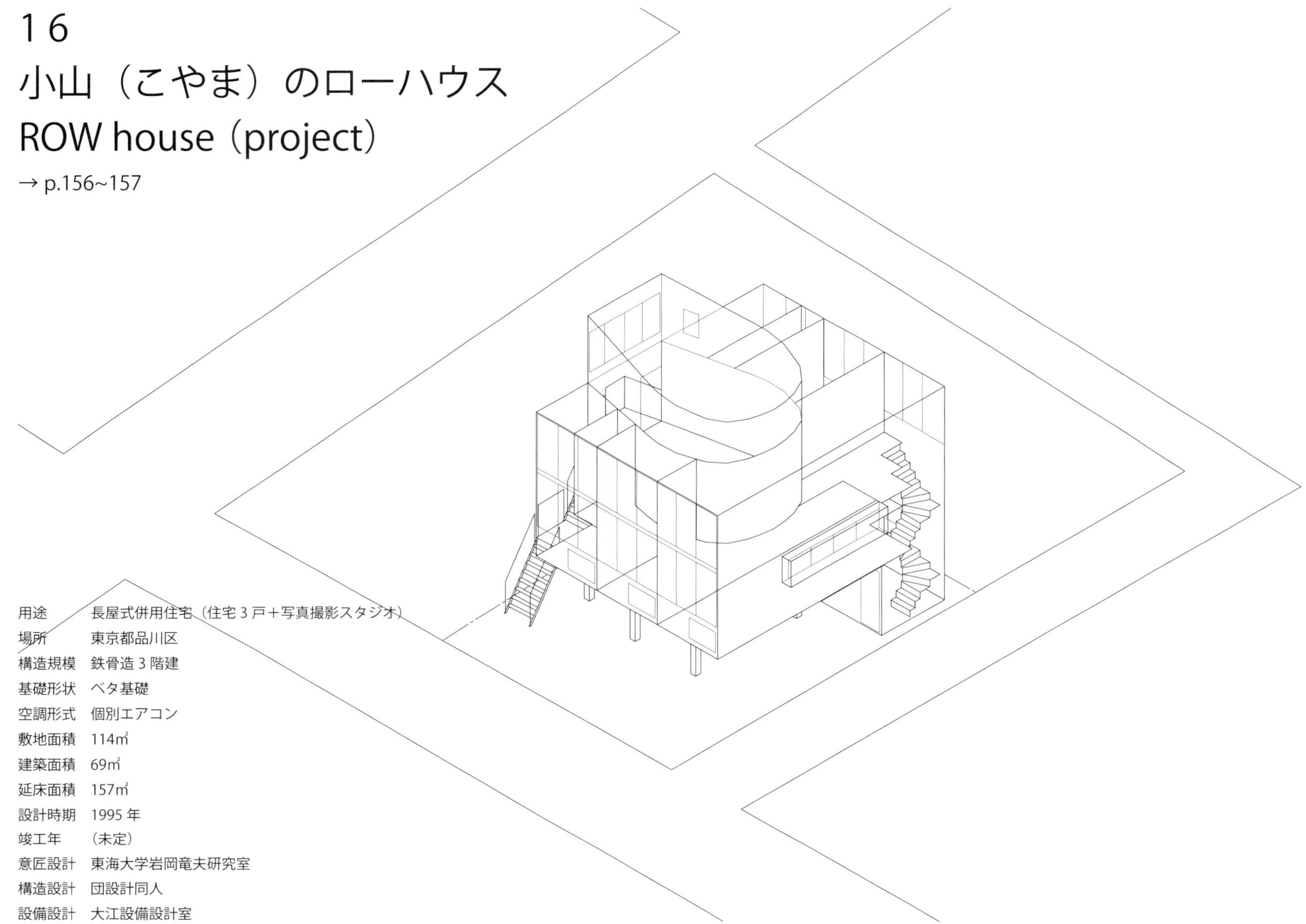

用途	長屋式併用住宅（住宅 3 戸＋写真撮影スタジオ）
場所	東京都品川区
構造規模	鉄骨造 3 階建
基礎形状	ベタ基礎
空調形式	個別エアコン
敷地面積	114㎡
建築面積	69㎡
延床面積	157㎡
設計時期	1995 年
竣工年	（未定）
意匠設計	東海大学岩岡竜夫研究室
構造設計	団設計同人
設備設計	大江設備設計室

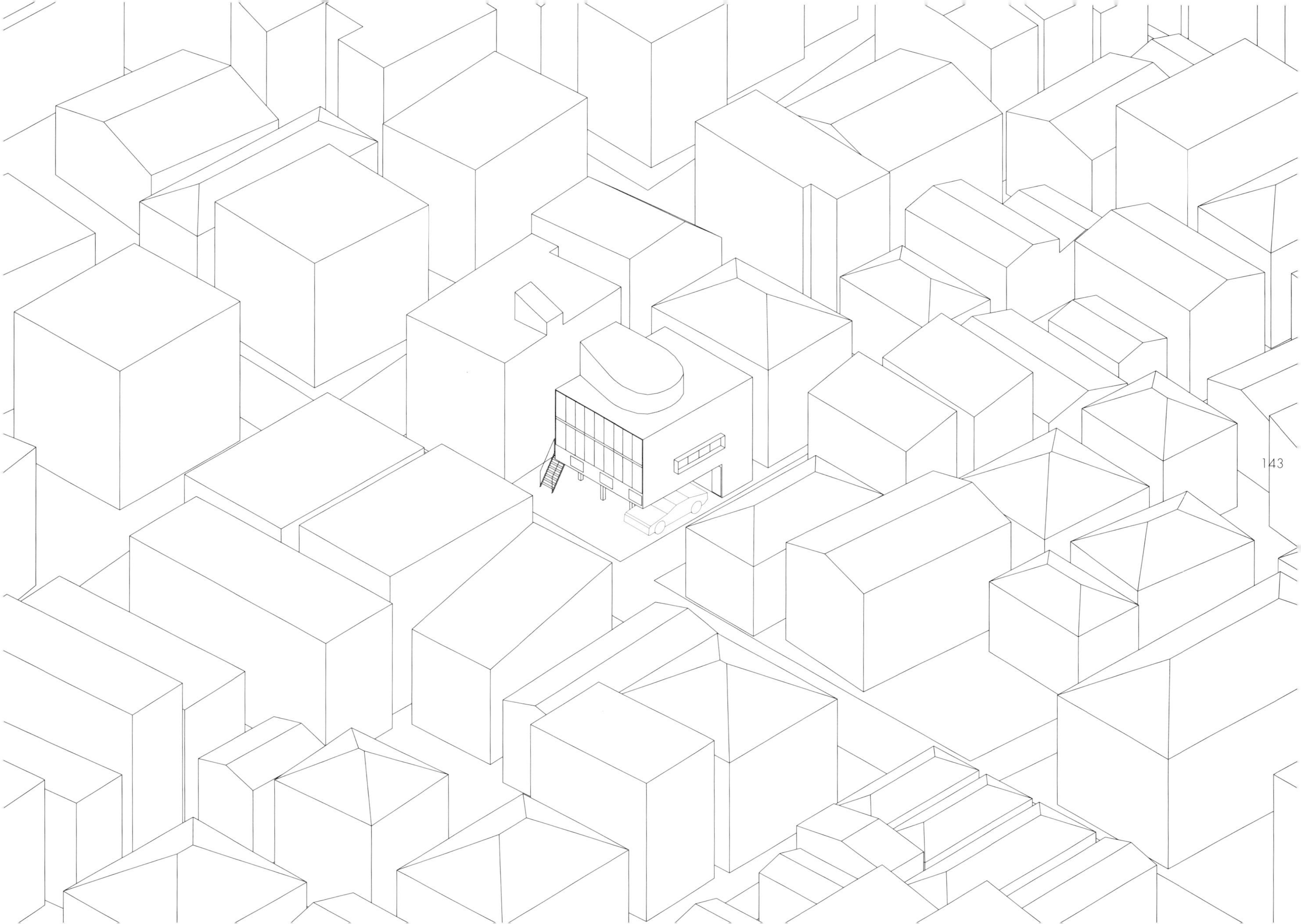

143

13　アビタ戸祭

近隣住戸との関係をつくる　ミニ開発の新たな手法

この計画は元々約 1000㎡あった 1 つの敷地の中に複数の賃貸用戸建住宅を建設したものである。いわゆるミニ開発の一種であるが、ここでは従来の開発形式に見られる不合理な部分を見直して、建物のつくられ方によって生まれる新たな住環境を見つけていこうと試みた。

敷地を分割する際に留意した点は、そこに建物が配置されたときに、隣接する周辺環境に対して悪影響を与えないことと、すでにあった屋敷林をできるだけ残すことであった。結果として、敷地北側に幅約 4m のアプローチ道路を設け、それに対し約 10m の間口間隔で 4 つに分筆することにした。こうして敷地は一旦分割された状態となったが、建築の設計においては 1000㎡の領域を一体のものとして計画を進めた。

まず地面から約 2.7m の高さに、1 枚の人工地盤（プラットフォーム）を、既存樹木を避けながら敷地全体にわたって設置した。さらにこのプラットフォームの上に、構造上 1 階の部分と分離した 4 つの小さな木造建物を、互いに距離をあけながら配置した。これらの建物によって区切られた屋外エリアは、それぞれ各住戸専用のオープンテラスに対応している。1 階は、各住戸すべてにわたり北側ピロティ部に玄関ポーチと駐車、駐輪スペースを設け、さらに既存樹木を中心に 2 つの中庭（パティオ）をつくった。全体として、建蔽率及び容積率が共に 50％以下という、比較的ゆったりとした住環境が敷地

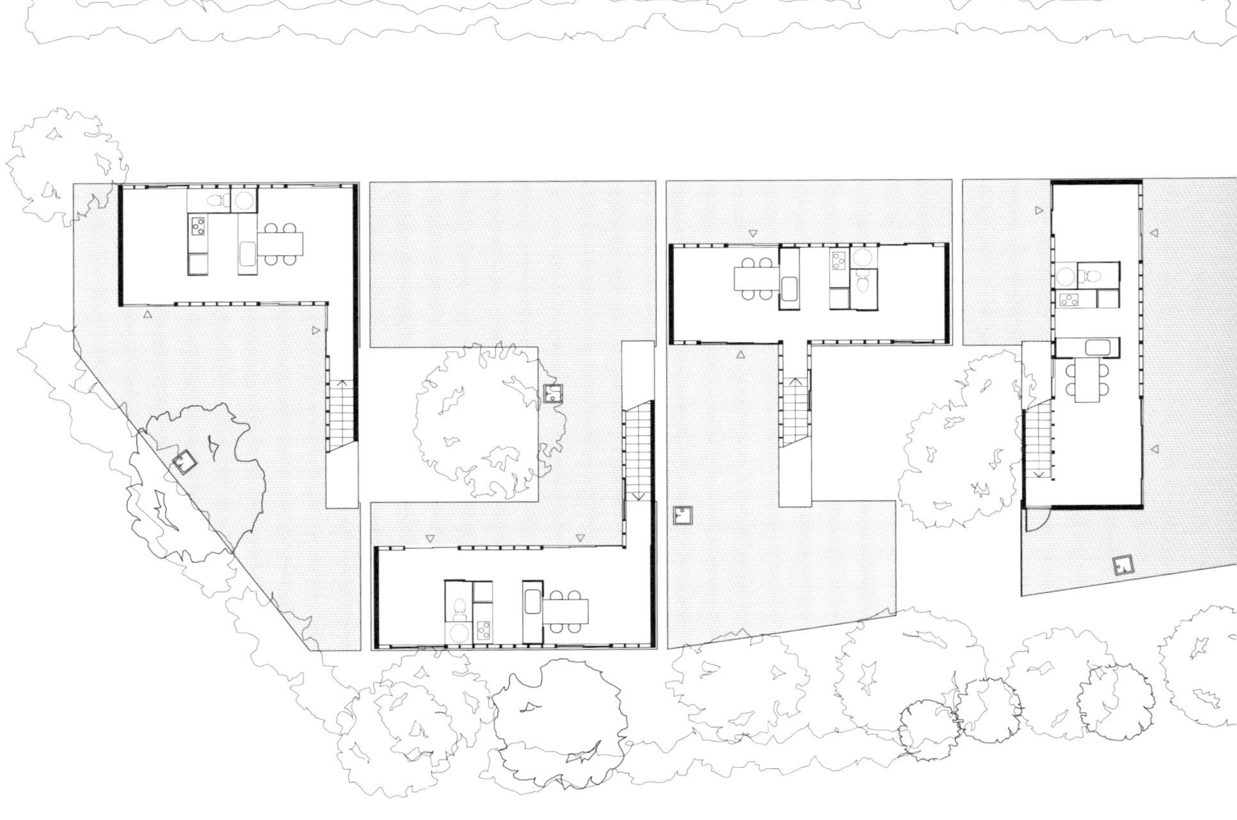

2 階平面図　1/250

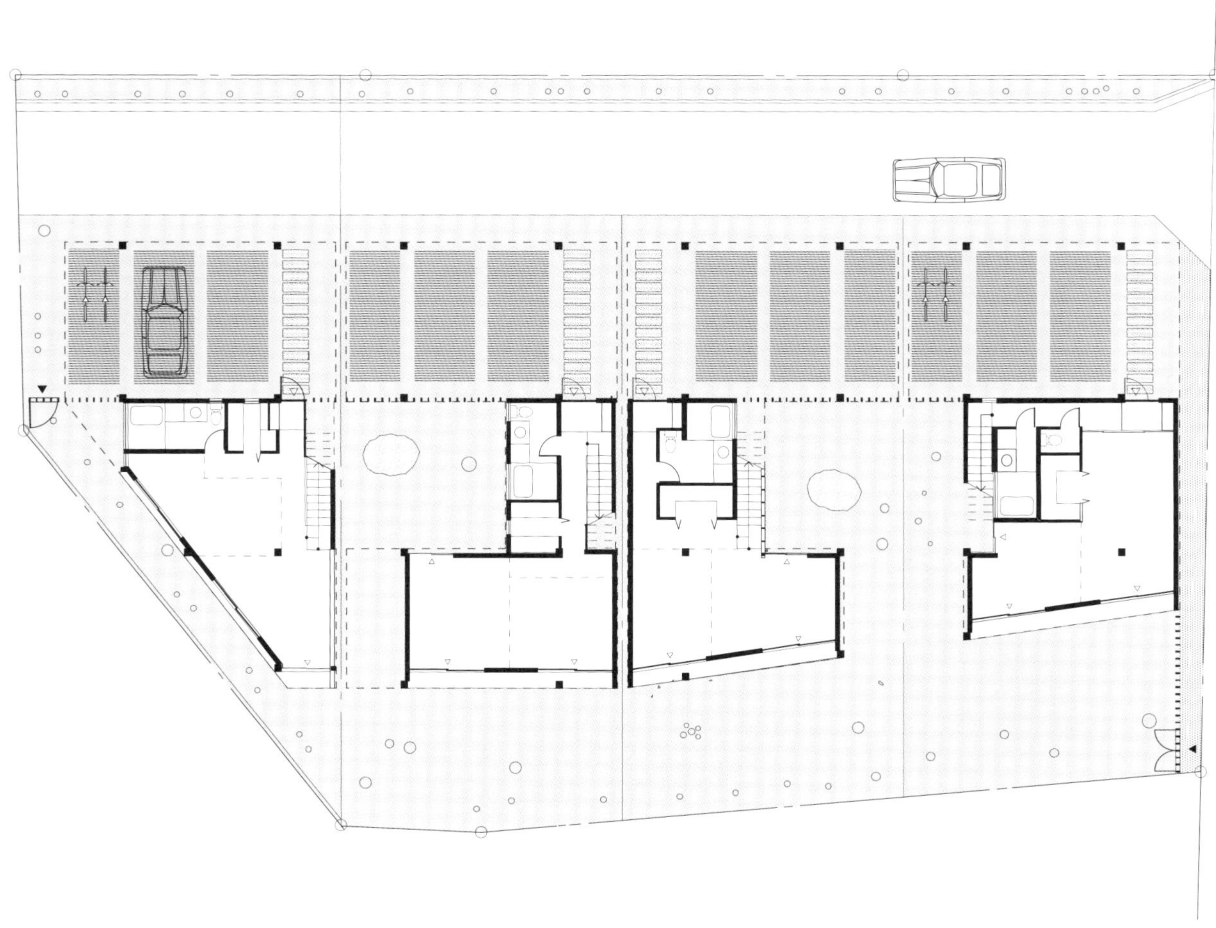

配置兼１階平面図　1/250

全体にわたって展開している。

2階のオープンテラスは、形式上は各住戸のためのプライベートテラスであるが、居住者の住まい方次第によっては住戸相互のコモンスペースとしての利用が可能なように、隣の住戸への連絡動線としても機能するようになっている。この関係は1階の木製ルーバーで囲われた中庭と南庭のエリアでも同様である。

こうした構成をとった背景には2つの理由がある。1つは、建築あるいは土地が隣接しあい集合化したときの空間上のメリットを最大限に生かすことを目指したことと、もう1つは、近隣同士の人間関係の形成を建築自体が強引に主導するのでなく、そのためのタネを建築内外の各所に蒔いておくことぐらいの適度さが、居住者に意識的な社会的ライフスタイルの選択を促すことになってよいのではないか、という我々の認識からである。

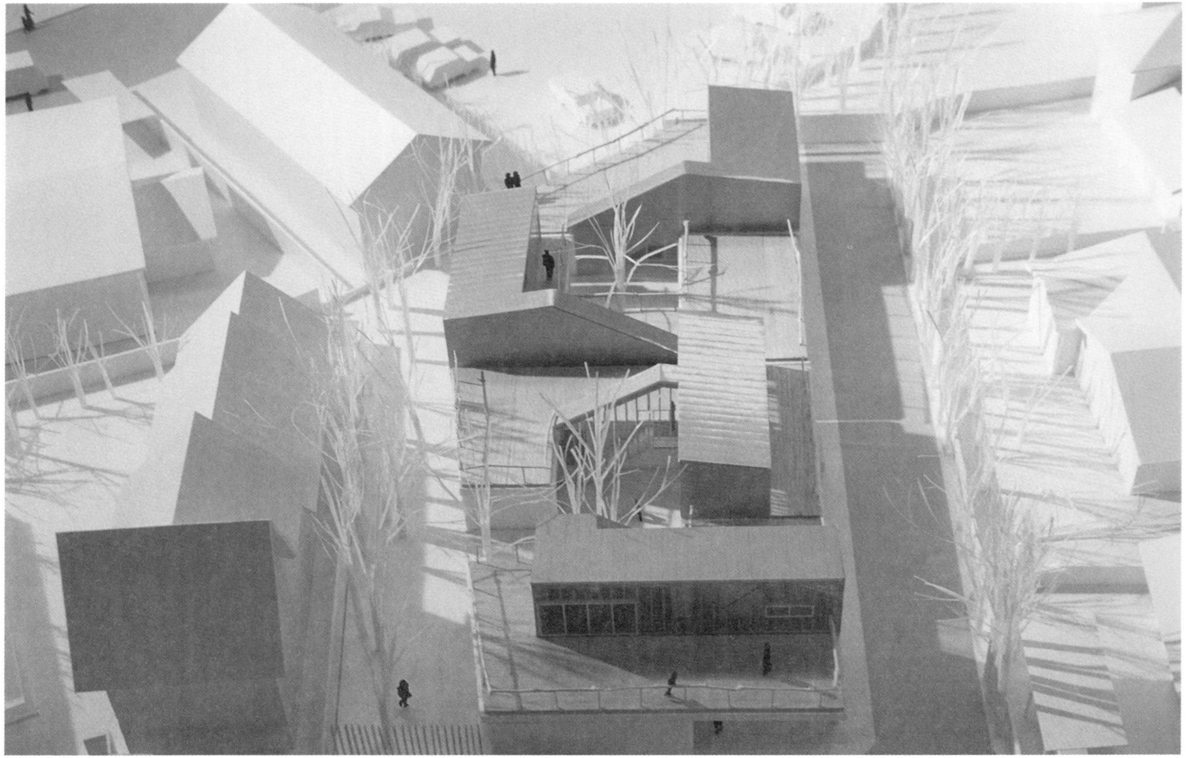

配置図　1/1000

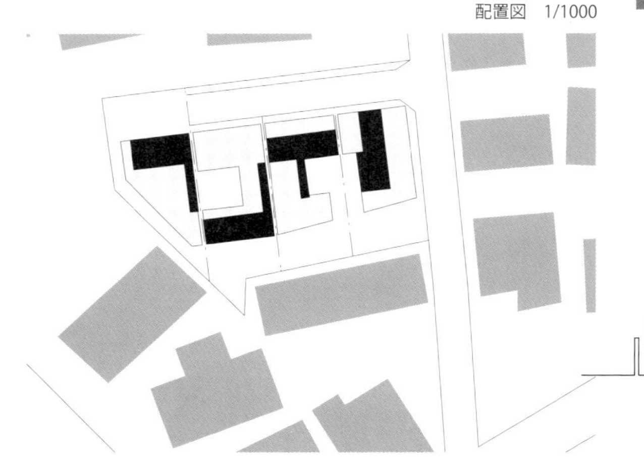

模型写真

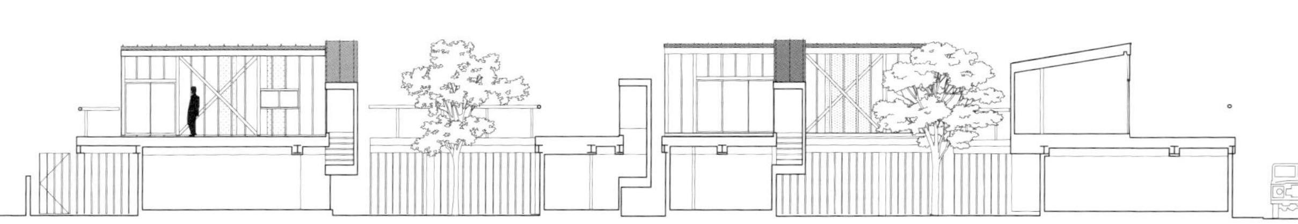

西 - 東断面図図　1/250

14　林町建替住宅

56 戸の住宅を同じ敷地内に新たに建て替える

東京都内中心部にある比較的小規模の住宅団地の建替プロジェクトである。1950 年代に東京都住宅供給公社によって開発・分譲された従前の住宅団地は、建物の老朽化と住人の世代交代などにより、約 50 世帯の住人が主体となって建替計画を進めることになった。マンション建替円滑化法の改善に伴い、デベロッパー主体による等価交換事業に頼らずに、区分所有者が自ら建替組合をつくって建替事業を行う事例が見られるようになった。本計画はその典型例であり、我々設計者はマンション組合による自主事業の協力者である。建替プランの発案から建物の竣工、そして建替組合の解散まで約 5 年を要したが、建替事業に対する組合員の団結力、そして選定施工者の協力などに支えられて、プロジェクトは比較的スムーズに完了した。

従前の団地の様子は、約 3500m²の矩形の敷地内に、RC 壁式 4 階建の階段室型タイプの住棟が 2 棟平行して配され、住棟に挟まれた中庭のような共有空間には桜の老木が数本あった。56 戸の住戸（延床面積 2900m²）は全て同一の 3K タイプで専有面積 43m²であり、また分譲当初から住み続けている多くの世帯が、団地内に複数の住戸を所有して、いわゆるネットワーク居住者であった。

施主である住人約 50 世帯は、建替後の自身の住戸の広さ、場所、間取り、持ち出し資金、などに対してそれぞれ異なる要望をもっていた。我々はそれらの要望に対してある程度対応した＜自由プラン＞を前提として、各世帯へのヒヤリングと設計のシミュレーションを繰り返した。その結果、建替後の組合員に対する住戸は、1R から 4LDK まで大小様々なタイプ、様々な間取り、様々な仕様のものが混在しており、増床分の売却住戸を含めると全体で 74 戸（平均 68m²）となった。建物全体は、中央に中庭を持つコの字型（延床 6900m²）で、地上 5 階地下 1 階の RC ラーメン造の建物となっている。なお従前の住戸の間取りは、建替後の屋上庭園の一部に再現してある（→ p.137）。

ここで、マンションの建替の成立条件について、例えば「建替前と建替後の各住戸の床面積が同じで、各住人の持ち出し資金がゼロになるための条件」（必要経費は無視するとして）を整理してみる。Sa：従前の総延床面積、Sb：建替後の総延床面積、Vc：建設コストの単価、Vs：売却金額の単価、とすると、

$$Sb \times Vc = (Sb - Sa) \times Vs$$

すなわち、建設費と増床分の売却金額が同じであることが条件であり、この式を変形すると、

$$Sb/(Sb - Sa) = Vs/Vc$$

すなわち増床分と建替後の総延床面積の比が、建設単価と売却単価の比と同じであることが条件となる。例えば、総床面積を 2 倍にして建設単価の 2 倍の単価で増床分を売却すれば成立、あるいは総床面積を 3 倍にして建設単価の 1.5 倍の単価で増床分を売却すれば成立、総床面積が従前の 1.5 倍の場合は建設単価の 3 倍の単価で増床分を売却すれば成立、ということになる。

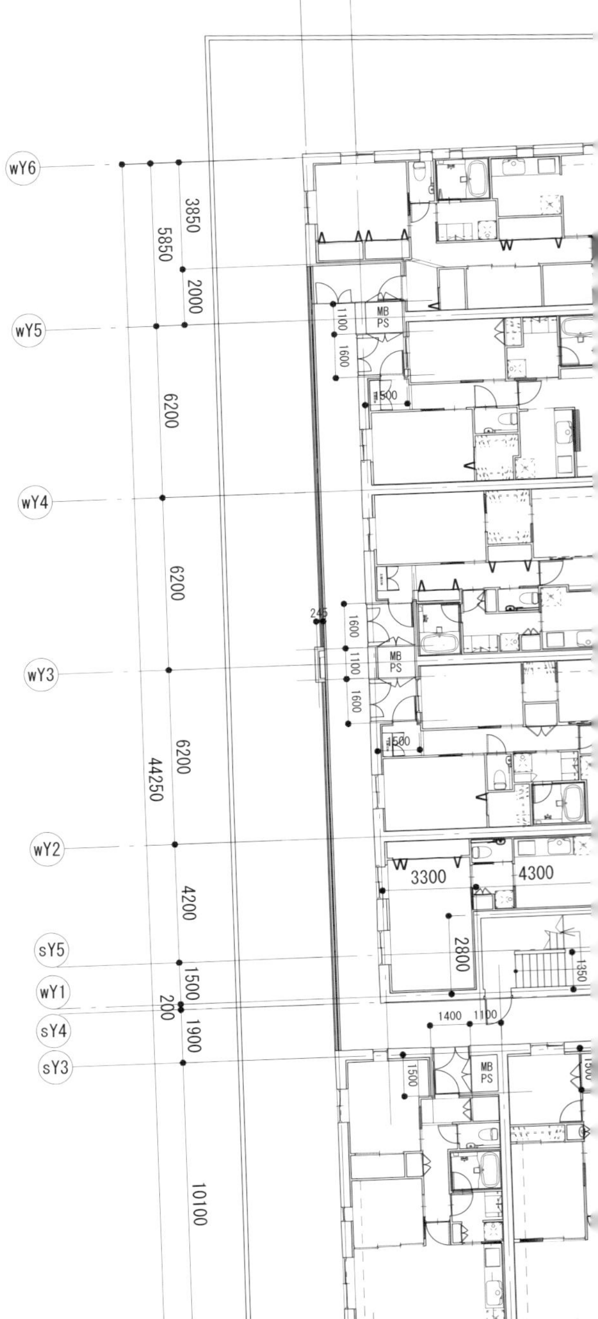

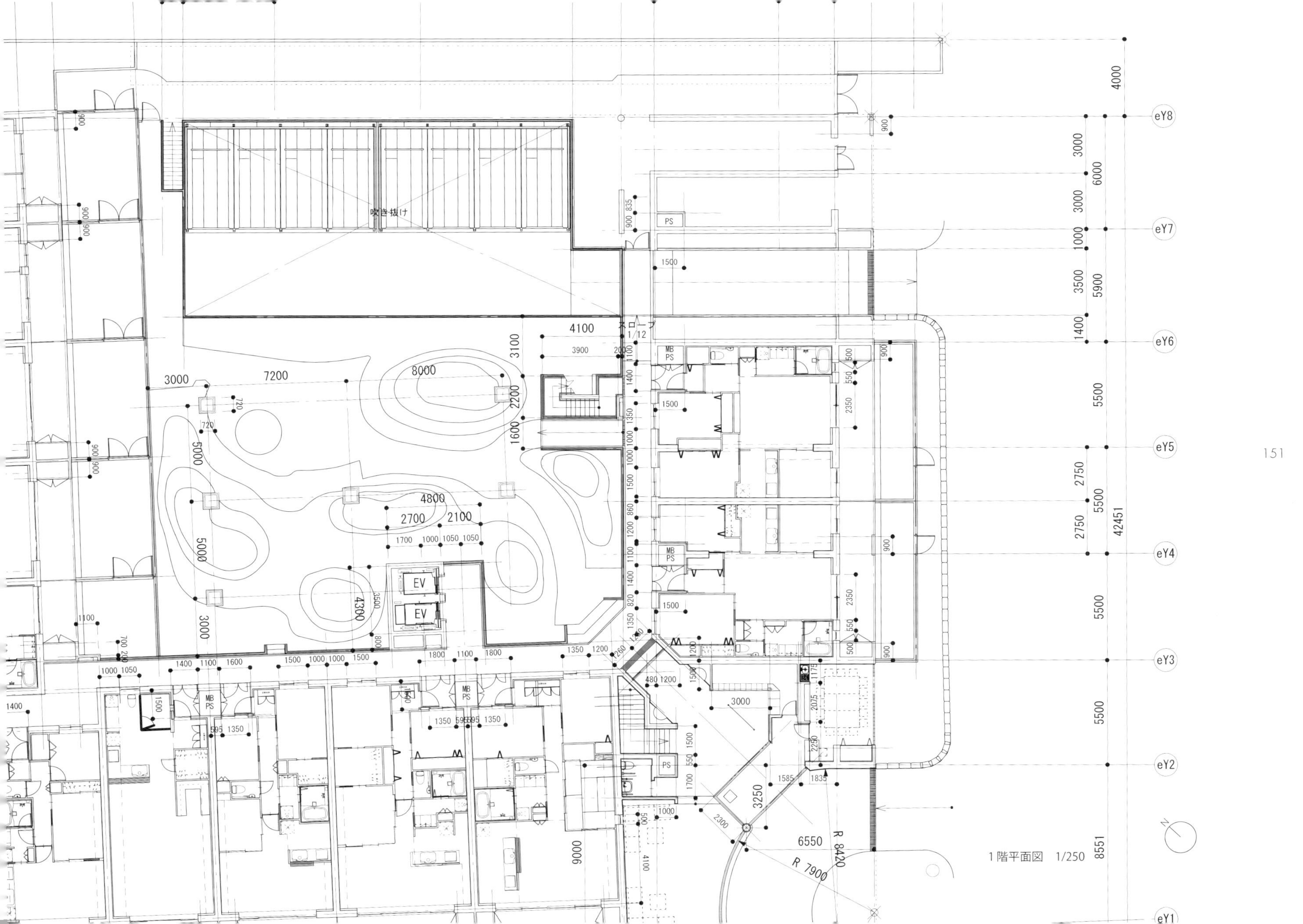

1階平面図　1/250

従前／従後の住戸構成の比較

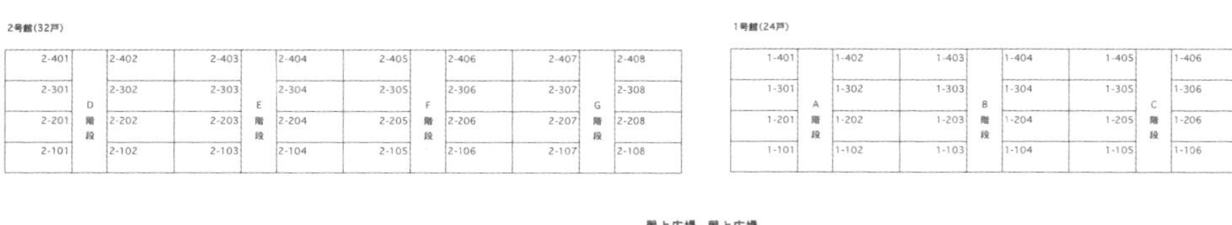

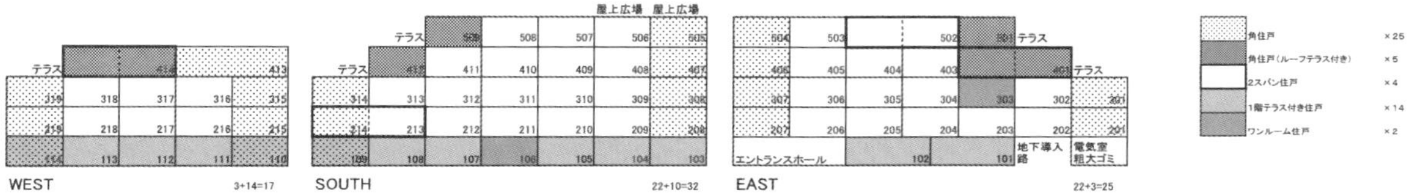

屋上広場　屋上広場

テラス

エントランスホール　地下導入路　電気室 粗大ゴミ

WEST　3+14=17

SOUTH　22+10=32

EAST　22+3=25

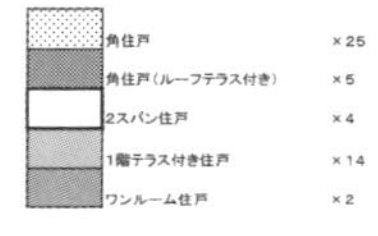

配置図　1/1000

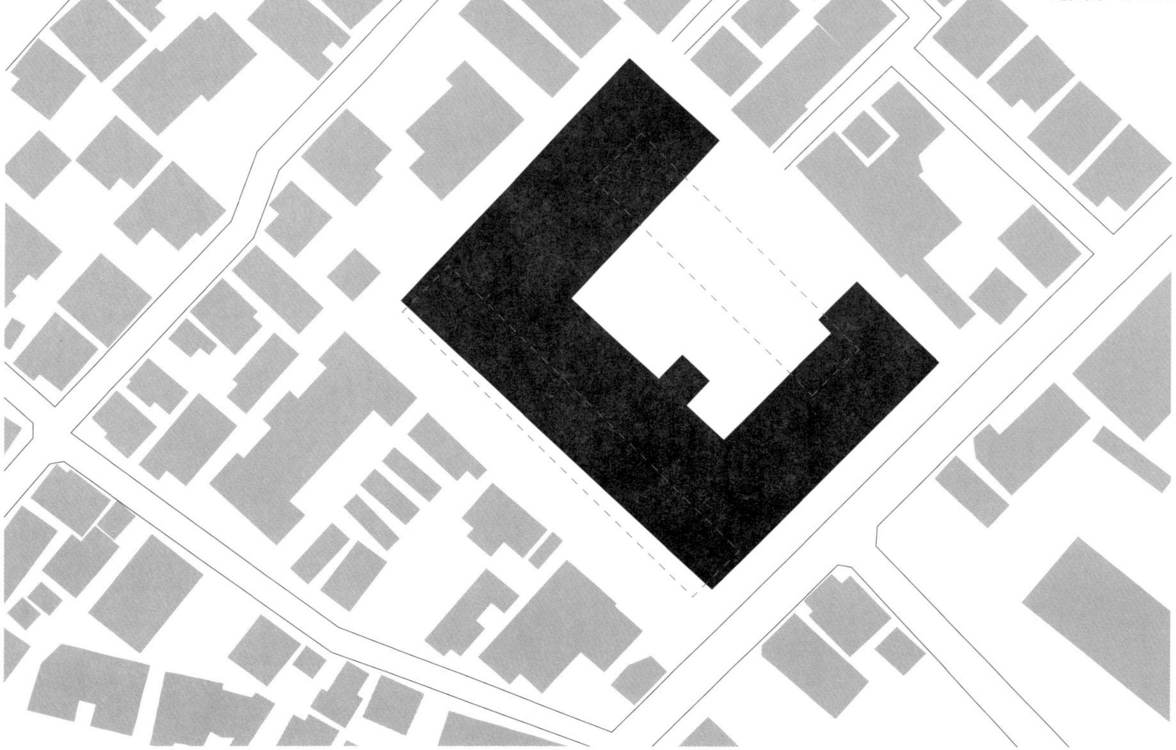

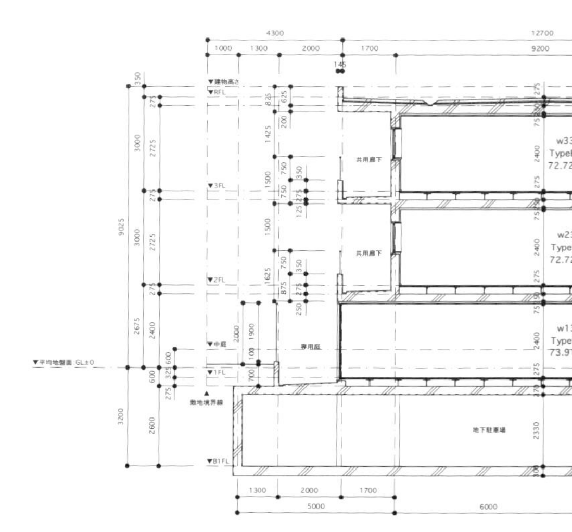

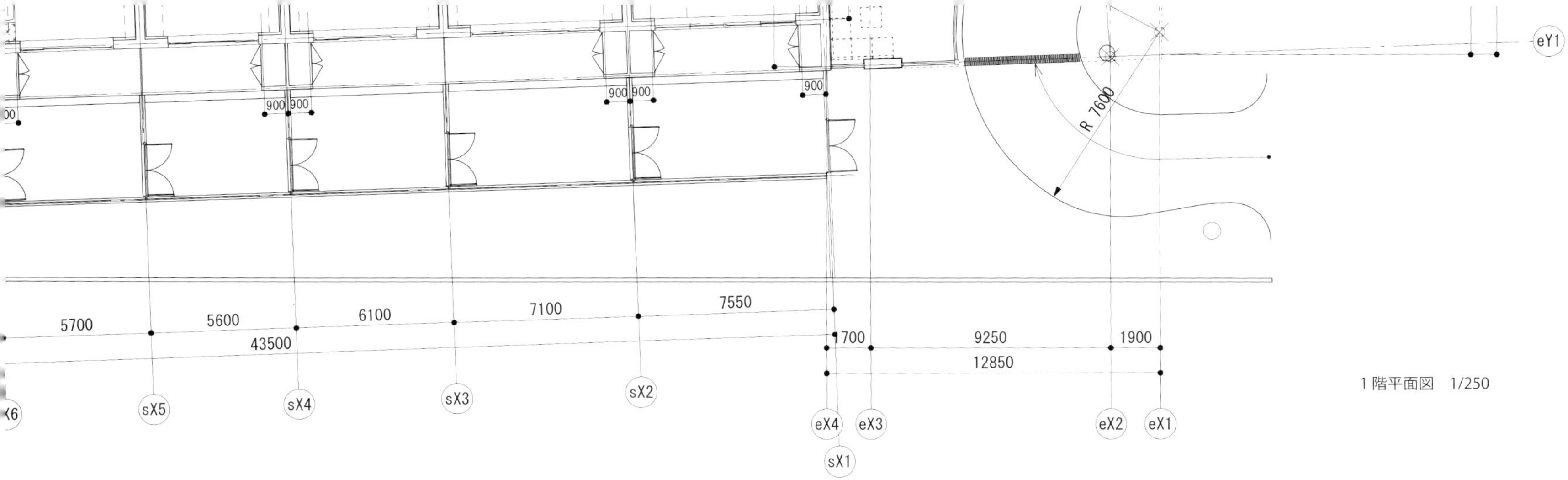

１階平面図　1/250

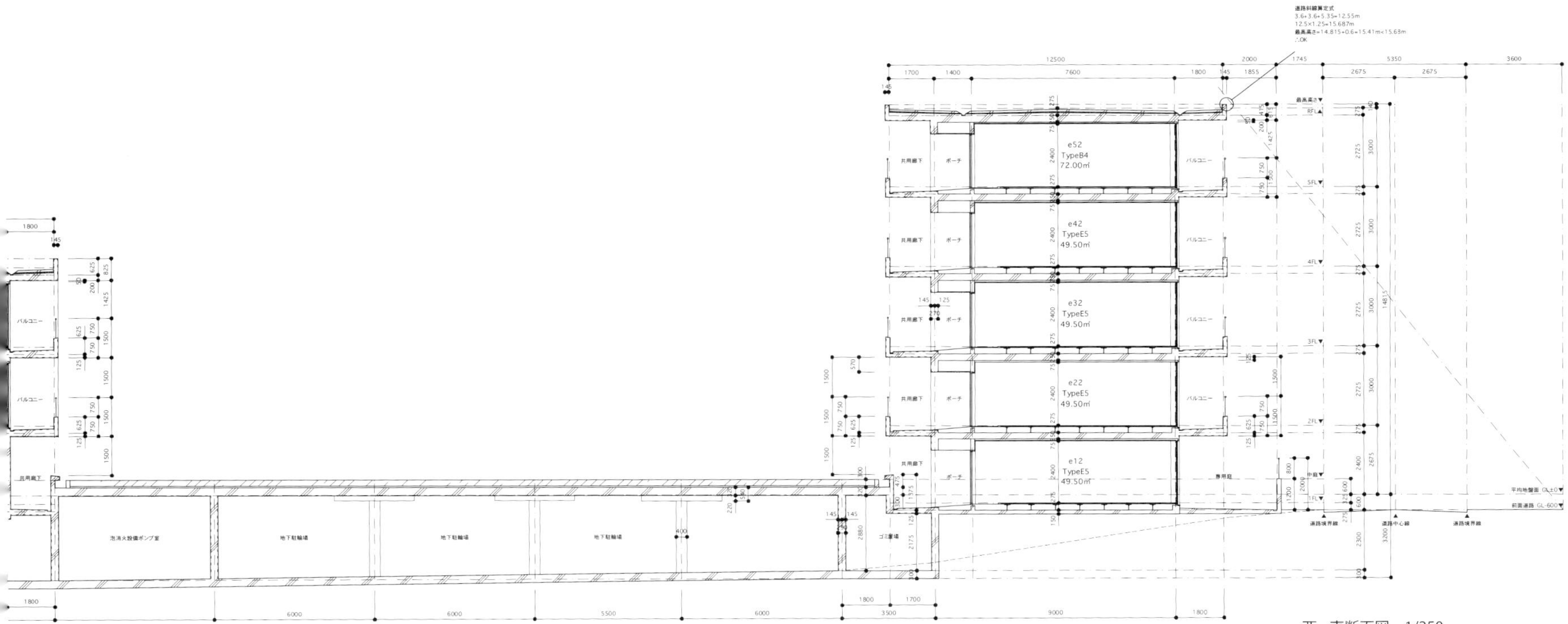

西 - 東断面図　1/250

15　スリランカハウス（建設中）

住宅機能をもつ宿泊施設　集合単位の可変性

スリランカ最大の都市コロンボから北東へ約 20km、キャンディロードと呼ばれる幹線道路の沿線から 50m ほど入ったところに、スリランカ人である施主の実家の隣の約 500m²の敷地内に 3 階建の共同住宅を提案するものである。施主の要望は、この建物を海外からの観光客のための滞在拠点となるとともに、国内者向けの賃貸住宅としても活用できる施設であった。滞在期間と滞在人数が不特定であるが、ここでは 60m²程度の 2 LDK タイプの同一住戸を各階 3 戸ずつ用意し、各住戸の一番奥の寝室が互いにコネクトできるような付属扉をつけることで、住戸の寝室数をフレキシブルに変えられるようにした。また、各住戸は 2 つの共用階段から出入りが可能で、さらに建物の外周全体を周回できる連続バルコニーを設けている。建物内の小さな中庭は各室に自然採光と自然通風・換気を確保するための空間で、この正方形の中庭を中心として、住戸内通路、諸室、バルコニーが同心円状に配されることで、トロピカルな植林帯が広がる周辺環境の中にシンボリックな場をつくることを意図した。

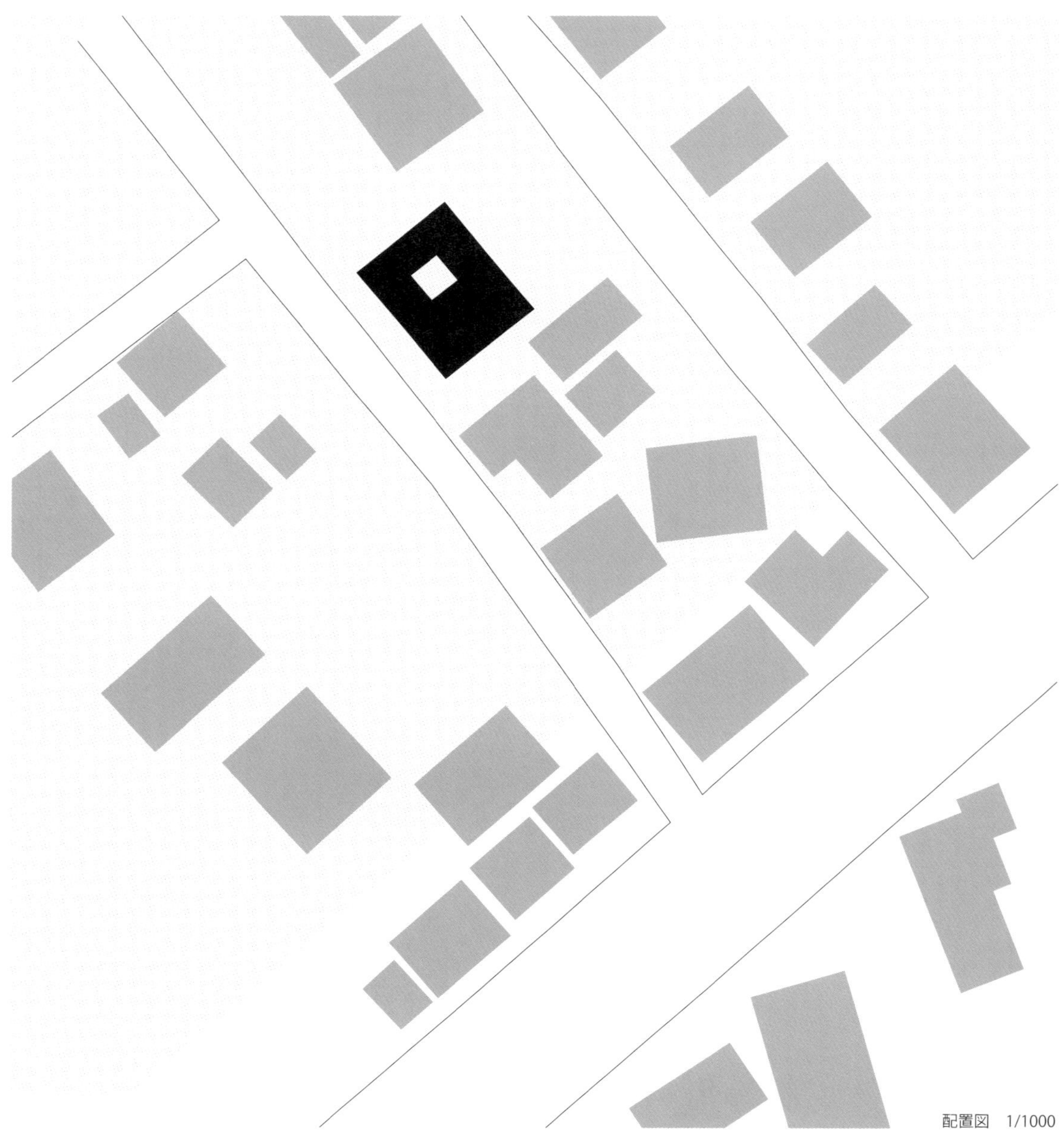

配置図　1/1000

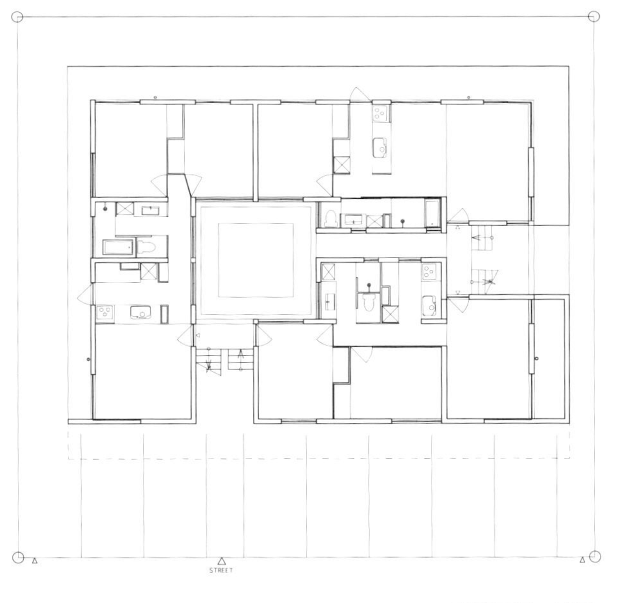

1 階平面図　1/250

2-3 階平面図　1/250

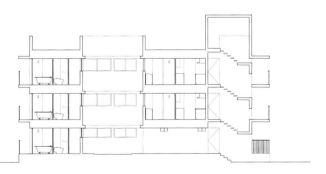

北 - 南断面図　1/250

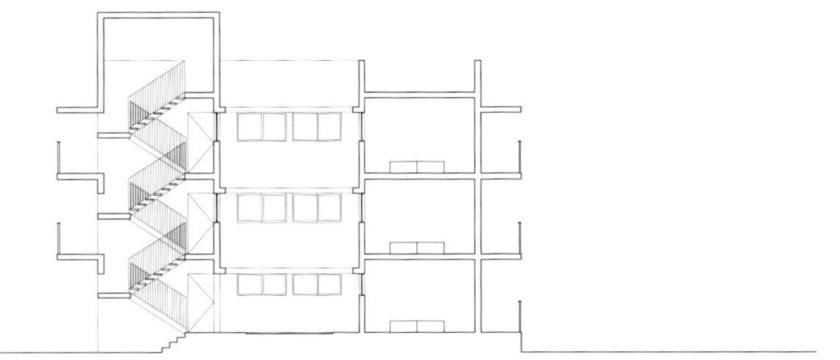

西 - 東断面図　1/250

16　小山のローハウス（計画案）

棟割長屋と立体長屋のハイブリッド

東京都内の住宅地の一角に建つ、写真スタジオが併設された鉄骨造の長屋住宅である。この小さなプロジェクトは、大学研究室設立後の最初に設計依頼を受けたもので、実施設計を終えた時点から延期となっている。約 110㎡の矩形敷地の中に、駐車場付きのアパート３軒と１つのスタジオの計４つの空間が、いわゆる立体長屋の形で１つの建物の中に（共有空間なしで）共存している。屋外階段からアクセスする３階のスタジオのヴォリュームは、３つのアパート内を貫通するように各室内に露出し、間口幅の狭い均質的な居住空間の中にダイナミックな変化をもたらしている。

配置図　1/1000

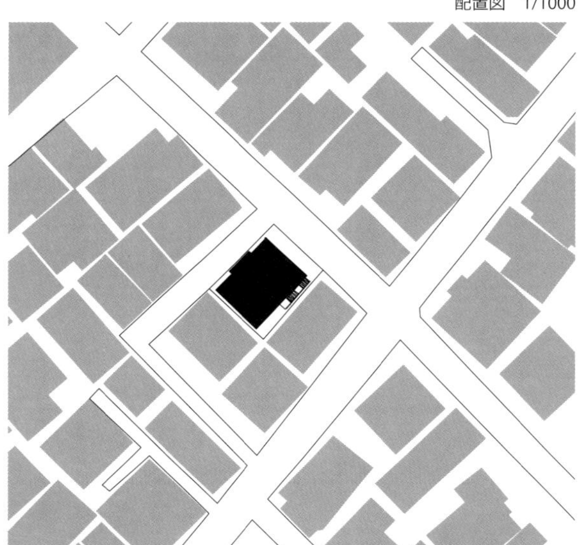

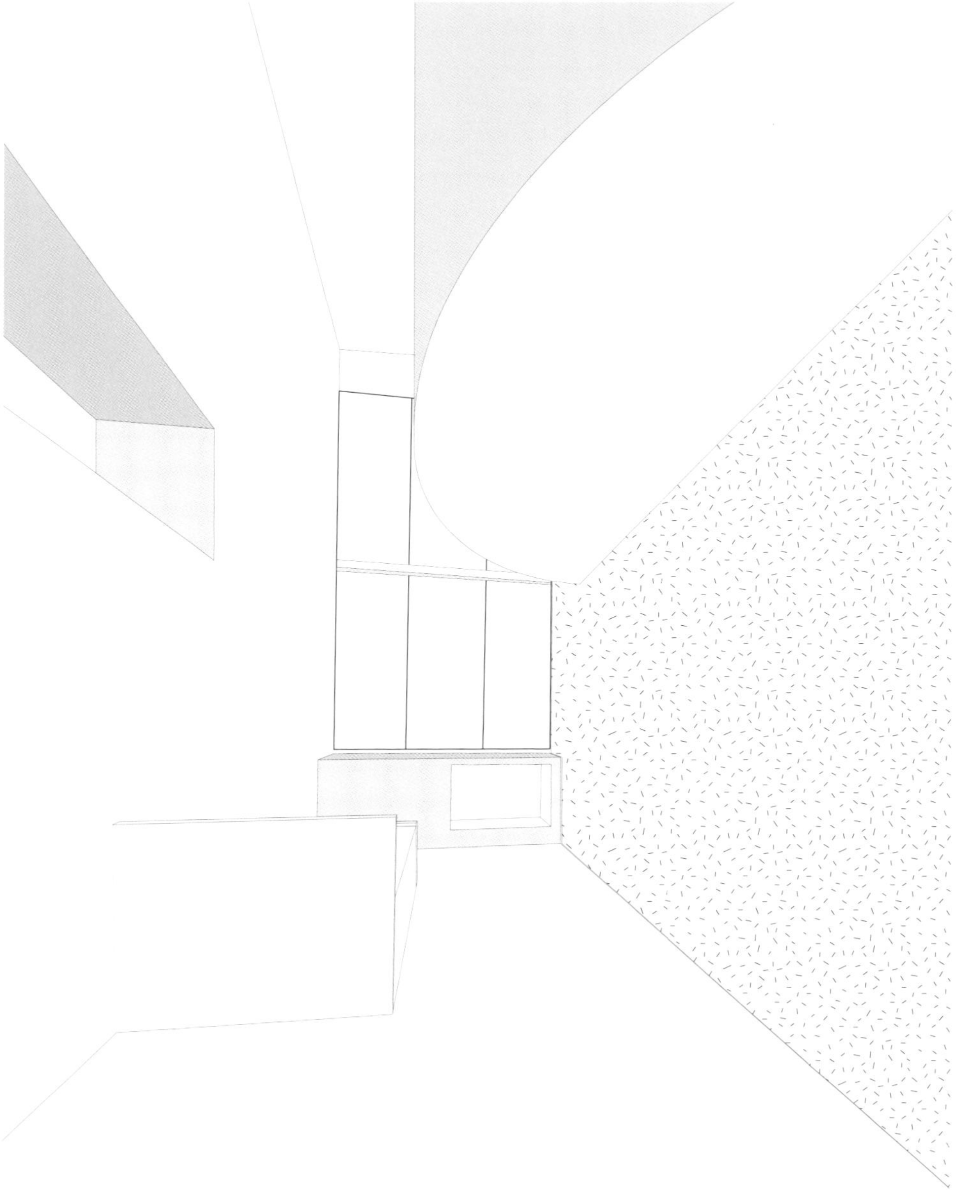

内観パース

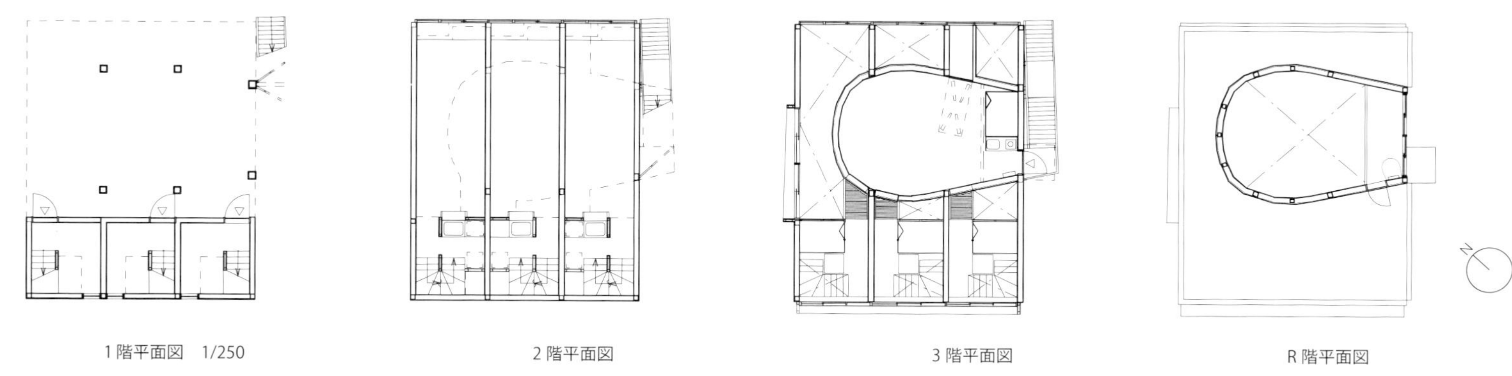

1階平面図　1/250　　2階平面図　　3階平面図　　R階平面図

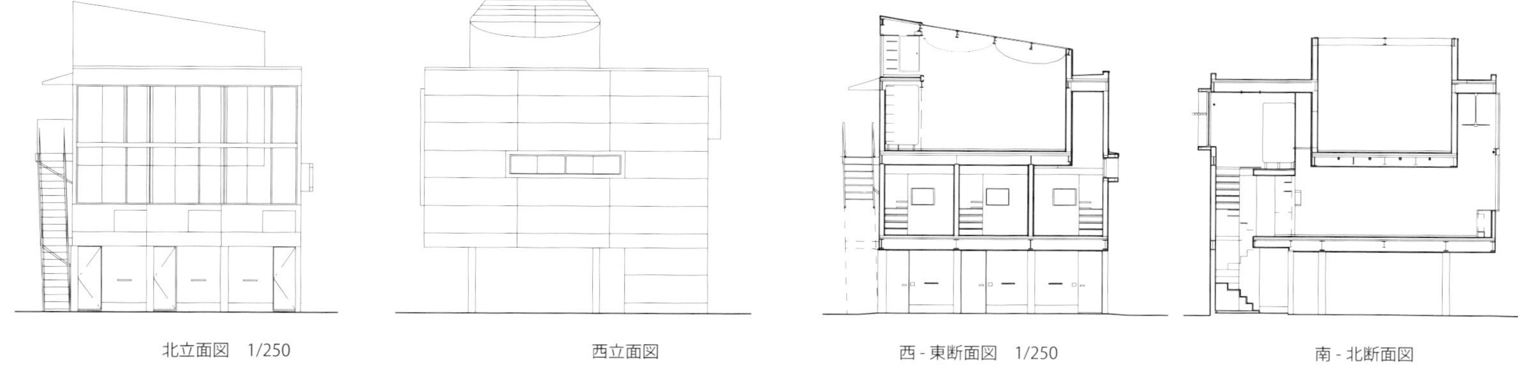

北立面図　1/250　　西立面図　　西 - 東断面図　1/250　　南 - 北断面図

注１：ジム・トンプソンの家（Jim Thompson House, 1958）
アメリカの実業家でありタイシルク・ブランドの創設者であるジム・トンプソン（1906-1967）がバンコクに建てた自邸。チャオプラヤー川の支流であるセンセープ運河の辺りにあり、アユタヤ近辺の伝統家屋を解体して船で輸送移築した住宅である。現在は博物館となっている。

注２：セキスイハイムＭ１（Sekisui Heim M1, 1971）
積水化学工業が建築家大野勝彦（1944-2012）と考案したプレファブ住宅。各室（ルーム・ユニット）を工場内で生産し、それぞれトラックに乗せて公道を移送し、現場（サイト）で組み立てる。販売当初、坪単価 134,000 円で年間販売数は 5000 棟だった。その後、屋根（軒先）の付いた新バージョン（セキスイハイム M2, 1974）などが登場した。

コラムⅣ　住宅の集合体としての都市環境

住宅という建物の単位が互いに結合あるいは集合していくと、そこに新たな集合体としての建物や住環境が生まれる。本来都市とは、こうした住宅の集合体としてあらわれるものであるといえる。都市には様々な用途を持つ建物が混在しているが、その中で住宅は他の施設に比較して圧倒的に多くを占めており、いわば都市空間の＜地＞をつくっている。すなわち、住宅が互いに連結しあって集合体として立ち現れることよって都市環境なるものが形成されることになるが、そこに住宅と都市の新たな関係性を構築することも可能となる。

単位空間（モデュール）の連結と離散

１つの敷地の中に建つ１つの住宅､すなわち戸建住宅と呼ばれるものは、都市を構成する１つの空間単位あるいは空間領域として、現代においては明快なまとまりをもっているように見えるが、それよりも小さな、より根源的な空間単位（あるいは建物単位）もあるだろう。バンコクの中心市街地に建つ「ジム・トンプソンの家」（注１）は、タイの伝統的高床式小屋を複数結合してつくられた邸宅である。すなわちタイ北部に残されていた複数の小屋を、一旦バラして船に積み、運河を渡って現地まで運び再び組み上げている。構法上合理的な小屋単位はできるだけそのまま残し、それをうまく連結させることで、広がりのある新たな内部空間をつくる。

単位空間の連結によってできた住宅として、1970 年代に発売された量産型住宅の１つである「セキスイハイムＭ１」（注２）がある。この工業化プレファブ住宅は、工場で複数の鋼鉄製コンテナ型ユニットを製作し、それを大型トレーラーで現地まで運び、クレーンを使って相互に連結あるいは積層させて１つの住宅を完成させるものである。性能の良い戸建の住宅を、当時の最新技術を使って、短期間に量産することを目的とした結果としての工法であったが、そこには、住宅という空間単位が周辺環境へと拡張していく可能性を読み取ることができる。

こうした単位空間の連結とは反対に、小さな単位空間を１つの敷地の中に分散させて、全体として１つの住宅を構成する事例もある。例えばインドネシアのバリ島の伝統的な住宅（注3）では、比較的大きな敷地を高い塀と小さな門で囲い、その中に、寝室、食堂、水回り、家畜小屋、家寺などを分散させて配し、それらの建物の間に豊かな屋外スペース（＝通り庭）をつくっている。

住宅の連結

住宅という単位が複数集合したものは集合住宅と呼ばれる。一般に集合住宅は、ある１つのエリアに戸建住宅が離散して集合しているもの（戸建集合）、住宅が相互に建物の躯体の一部のみを共有しているもの（長屋あるいはテラスハウス）、複数の住宅が互いに共用する空間をもつもの（共同住宅）などに分かれる。ここで、建物の躯体の一部のみを共有している長屋（テラスハウス）の中で、２つの住戸が互いに外壁の一部を共有している住宅はセミ・デタッチド・ハウスと呼ばれ、この半独立型住宅の形式は世界的にみると比較的一般的なものである。その場合、各住宅の水回りや暖炉周りが共有壁に沿って集約されているものが多い。

注3：バリ島の伝統的民家の例

注 4：No.11（1959-）
コロンボ市内に建つ建築家ジェフリー・バワ（前掲）の自邸兼アトリエ。当初バワは 4 棟長屋の 3 番目の住戸を借りて住んでいたが、その後に残りの 3 住戸を含む全体を購入し、10 年かけて改築と増築を繰り返し行なった。アトリエの一部を除いて、室内のほぼすべてが自然空調で外気と連続している。

注 5：ハーレン・ジートルンク（Siedlung Halen, 1961）
スイスの建築家集団アトリエ 5（Atelier 5, 1955-）がスイス・ベルン近郊に設計した集合住宅。2.5ha の南斜面の敷地の中に、75 戸のテラスハウス、駐車場、公共施設、広場、などが配されている。各住戸の敷地形状は全て、間口が 4m~5m で奥行きが 30m 以上あり、階層化を伴わずにプライバシーを重視した、コンパクトな区画計画となっている。

注 6：パサディナハイツ（Pasadena Heights, 1974）
建築家菊竹清訓（Kiyonori Kikutake, 1928-2011）が静岡県函南町に設計した集合住宅。120 戸のほぼ同形の住戸が、カーブした等高線に沿って、セットバックしながら 5 層にわたり展開している。上下階の住戸の位置がずれることによって、単純なシステムから複雑な構成を生み出している。

コロンボ市内にある「No.11」（注 4）と呼ばれる建築家ジェフリー・バワの自邸は、元々奥行き方向に 4 戸の長屋だった建物をバワ自身が改修したものである。袋小路状の道路の一番奥の左手の敷地（＝ 11 番地）の中央に、平屋の 1 つ屋根の下に 4 つの住戸があり、その建物全体を敷地一杯まで拡張・改修し、さらに旧住戸の共有壁に扉を設けることで、地全体にわたって有機的な空間のシークエンスが展開している。

住居の集合体

テラスハウスあるいは共同住宅の場合、各住宅が完全に分離独立していないので、それぞれの住宅の外観は限定的なものとなる。斜面地に建つ低層のテラスハウスとして著名な作品として「ハーレン·ジートルンク」（注 5）がある。ベルン郊外のこの高級集合団地は、斜面のコンター（＝等高線）に対して垂直方向に住戸の戸境壁を設定し、斜面の高低差を、長い短冊状に区分けされた各住戸の敷地内で吸収させるものである。よって各住戸のグランドレベルは玄関レベルから 3~4 層にわたってスキップしており、高い共有壁に挟まれた住戸内にはプライベートでかつダイナミックな空間が屋内外にわたって展開している。

同じく斜面地に建つ低層共同住宅である「パサディナハイツ」（注 6）は、各住戸にそれぞれ 2 つのアクセス動線が存在している。すなわち、南側の共用テラスから前庭を通って住戸の居間に直接入ることのできるメインアプローチと、敷地最上部の北側奥にある共用駐車場からピロティを通過して、各住戸の中庭へと至るサービスアプローチである。この中庭は、セットバックして重層している住戸の下階のライトウェル（＝光庭）としての役割があり、共同住宅でありながら、戸建住宅のような開放感を各住戸にもたらしている。

スリランカの人工湖岸に建つ「ヘリタンス・カンダラマ」(注7)は、大型のリゾートホテルである。宿泊施設であるが、コンパクトな住戸(宿泊室)が連続して共用空間があるという点で、その形式はリゾートマンションに近い。奥行きの浅い宿泊室が湖畔のラインに沿って直列に配され、その背後に吹きさらしの共用廊下、その前面には小さなプランタースペースと蔦の絡まるフェンスが設けられている。宿泊室以外の空間が全て外部化し植栽化していることが、住宅と自然環境との距離の近さを演出している。

パノプティコン

集合住宅のつくる視線のネットワークについては興味深い点がある。それは、住宅というプライバシーが求められる建物が集合することで、視線の開放と制御、あるいは視線の集中と分散という、対立する機能の両立がそこでは必要とされるからである。限られた数や方向の窓を通して、できるだけ良い眺望を確保したい、しかし開けた眺望は住戸の中を外部にさらすことになる。あるいは、住戸全体の視線が同じ方向に集中するか、反対に各住戸からの視線が平行線を辿るかなど、多様な視線のネットワークの形式が住戸の集合の容態によって構築される。

建築によって構成される＜見る／見られる＞の関係の中で、よく事例に上がるのが、かつての刑務所施設における監視システムである。監視員が少人数でできるだけ多くの囚人の様子を監視するために、建築空間は1対多の視線、すなわち求心型のプランをとることになる。これが「パノプティ

注7：ヘリタンス・カンダラマ(Heritance Kandalama, 1994)
建築家ジェフリー・バワ(前掲)がスリランカ中部のシーギリヤロック近郊の貯水湖(＝タンク)の沿岸に設計した全120室のホテル。全長500mに及ぶ長大な施設は、インフィニティプールを含むメインビルディングを中心とする左右のウイングを2期に分けて建設された。既存の岩石が建物内に露出しているなど、自然景観と建物との融合が図られている。

注8：パノプティコン(Panoputicon)
イギリスの哲学者ジェレミ・ベンサム(Jeremy Bentham, 1748-1832)が考案した、全展望監視システムによる刑務所施設のための空間形式。フランスの哲学者ミシェル・フーコー(Michel Foucault, 1926-1984)は、管理統制された社会システムの比喩としてパノプティコンを用いた。下写真は旧豊多摩監獄(1915, 後藤慶二設計)の事例。

注 9：列柱庭園（Jardin des Colonnes, 1986）
建築家リカルド・ボフィル（Ricardo Bofill, 1939-2022）がパリ 14 区に設計した集合住宅内にある約 3500㎡の楕円形の庭園。古代ギリシャの列柱を型取ったガラス張りの壁面が庭園全体を囲い込み、ガラスの壁の内部は各住戸のリビングルームになっている。

注 10：軍艦島（Gunkanjima, the battleship Island）＝端島
長崎市にある約 6ha の島。1974 年の閉山まで海底炭鉱によって栄え、採掘関連の工場のみならず、日本初の鉄筋コンクリートの高層住宅や、映画館を含む娯楽施設や小中学校などが過密に建てられた。初期の鉱員社宅用の住棟には、中庭型アパート（30 号棟）や、平行配置による 4 つの板状アパート（16-19 号棟）など、様々なタイプがある。

注 11：フェズ旧市街（Fes el Bali）
モロッコの古都フェズのメディナと呼ばれる地区。東西 2.2km、南北 1.2km の旧市街の市壁には 8 つのゲートがある。市壁内の中央にフェズ川が流れており、細い道が迷路のように張り巡らされている。スークと呼ばれるマーケットや北アフリカ最大のモスクもある。

コン」（注 8）と呼ばれる空間システムである。パノプティコンの空間形式は、刑務所のような監視システムを必要とする建物のみだけでなく、演者と観客の関係で求められる劇場空間や、支配者と獲物との関係からくる森＝庭園の視界形式、そして、支配者と非支配者の関係による都市空間の形態にも繋がるものである。

こうした中で、パリの「列柱庭園」（注 9）と呼ばれる楕円形広場を囲む中層集合住宅は、広場の中央に向かって、ほぼ全面ガラス張りの住戸が軒を連ねている。鏡面ガラスとなっているので、外が明るい時は中の様子が見えないが、暗くなると各住宅のインテリアとそこにいる住民の暮らしが見えてくる。広場側にはリビングルームがあって、寝室は反対側にあるのだが、家族の団欒の様子を互いに他者に見せ合っているという、インタラクティブな関係をそこに見ることができる。

一方、「軍艦島」（注 10）の中の高層集合住宅群は、隣棟間隔の狭さ故に、共用通路である片廊下側からプライベートなバルコニーが丸見えで、一見おおらかなコミュニティが形成されているようにみえる。しかしそれは、集中／分散によるパノプティコンとは別の、平行視線による相互監視システムであるともいえるだろう。

住宅がつくる都市のかたち

住宅が集合することで、そこに住む住民が守られるということもあるだろう。外からの侵略者に対して、住宅を集合させることで防御することは、住宅と都市の歴史の中で多くの事例をみることができる。住宅そのものは、家族を守るための器＝シェルターであり、そうした住宅の集合体は、市民を守るための器＝シェルターとなる。

モロッコの「フェズ」の旧市街（注 11）のメディナと呼ばれる地区は、こうしたまもりのかたちの典型例である。観光客を含めた外部の人間が市壁のゲートをくぐって街中に入ると、細く均質的な路地網が巨大な迷路となって現れる。地面がわずかに傾いているので、それを頼りに脱出は可能かと思われるが、小判鮫と化した子供のガイドに任せた方が安心である。

地中海の小さな島国マルタの首都「ヴァレッタ」（注 12）は、高密度な住宅群が碁盤の目状に集合したグリッドシティである。四方を海に囲まれた崖の上にあり、その街路に沿った外壁面には多くの出窓状のバルコニーが突き出して街の表情を豊かにしている。この出窓の内部からは、海岸まで続く街路の先端にある海の様子を伺うことができ、さらに街路が緩やかな斜面となっているので、隣同士の出窓の高さが微妙にズレており、各住戸からの海への見通しが確保されている。

フィンランドの中西部の小さな港町「ラウマ」の旧市街（注 13）は、伝統的な丸太組工法形式の住宅群の街並みが動態保存された、いわゆるリビングヘリテージとして世界遺産に登録されている。ほとんどの建物の外壁は板張りで船用ペンキが施されているので、一見ログハウス（＝校倉造）に見えないが、隅部の部材が少し外に付き出しているのでそれと分かる。この街の景観は住宅の玄関ドアが中庭側に引っ込んでいて、道路側には窓しかない点であるが、この窓は外からの光を取り入れるためだけでなく、窓辺に刺繍小物や花を飾るための額縁のような役割がある。夫が漁をしている間に妻は家で編み物をする、そのコミュニケーションの道具として、住宅の外観が使われているのである。

注 12：ヴァレッタ（Valletta）
地中海に浮かぶ島国マルタ共和国の首都。16 世紀に聖ヨハネ騎士団によって築かれた要塞都市で、現在は 0.6k㎡の面積に約 6000 人が住む。起伏の大きい地盤の上に、道路がグリッド状に配されている。

注 13：ラウマ旧市街（Vanha Rauma）
フィンランドの港町ラウマの旧市街には、約 0.3k㎡の中に約 800 人が暮らしている。建物の外壁面には、建物ごとにカラフルな色の塗料が施されているので、一見すると現代風の街並みのようにみえるが、建物内部に入ると木造組積架構の様子が窺える。

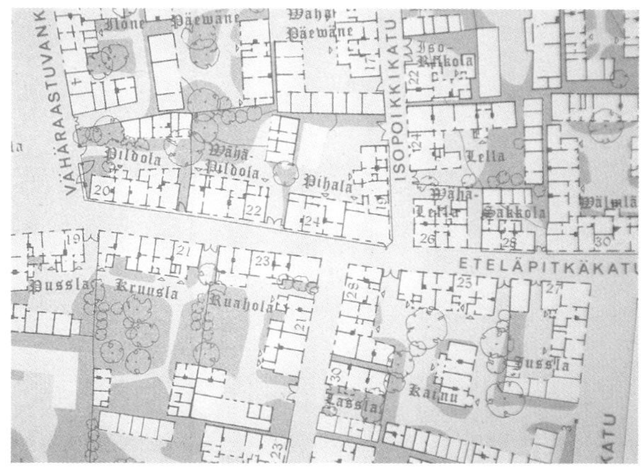

（VANHA RAUMA Rakennukset Kartta 1:1000 より）

KENZO TANGE
métropole
Le grand paris
PHOTO
GLENN MURCUTT
丹下健三
Louis I. Kahn Houses
ENSA de Paris Belleville
LUNUGANGA
la ville
LE THORONET
busier
l'homme

Micro-Macro Dualities of Dwelling Design

Ken Tadashi Oshima

Professor, University of Washington, Seattle

It is a primal instinct of every living being to ensure a shelter. The various working classes of society no longer have suitable houses, neither laborers nor intellectuals.
It is a question of building that is key to the equilibrium upset today: architecture or revolution.[1]

Le Corbusier, Toward an Architecture, 1923

In the city, the act of traversing has literal basic functions. I use traversing as a method of thinking simultaneously of the city and its antipode, the house.[2]

Kazuo Shinohara "When Naked Space is Traversed," 1976

Designing between Le Corbusier's charge *Toward an Architecture* and legacies of Shinohara's conceptions of the house, Tatsuo Iwaoka has deftly navigated between the scales of the dwelling and the city through three decades of practice. Iwaoka personally experienced Le Corbusier's Parisian context as a student studying abroad at the École Nationale Supérieure d'Architecture de Paris-Belleville as well as part of the Shinohara-school at the Tokyo Institute of Technology under Professor Kazunari Sakamoto. Such a background has enabled Iwaoka to look further between east and west, inside and outside, form and function, and bridge the past, present and future. This book graphically expresses such micro-macro dualities through each work's isometric drawings- one focusing on dwelling itself and the other highlighting its broader urban/natural context. Such logic pervades this work from the composition of its form and rationality of structure in a dialectic of multiple scales, underscoring the potential of such a non-linear process.

The maiden <DOMA house> situated in Matsumoto City with the backdrop of the Japan Alps, expresses such dualities. The geometric purity of the house's volume distinguishes it from its neighbors, yet continues building elements from the vernacular context and its

[1] Le Corbusier," Architecture or Revolution," in *Le Corbusier* Toward an Architecture, trans. By John Goodman (Los Angeles: Getty Research Institute, 2007), p.292.

[2] Kazuo Shinohara, "When Naked Space is Traversed," *The Japan Architect* (February 1976) 64-72.

light blue hue blends with the sky. The house appears to embody Le Corbusier's principles through the horizontal windows framing mountain views, while also continuing the primal earthly elements of dwelling of Shinohara's House with an Earthen Floor (1963). The *doma* is both symbolic and functional; it connects *tatami* living spaces between the east and west sides, further affording natural ventilation.

Iwaoka's residential designs are experienced fluidly through bodily movement and visual sequence. <SLOPE house> in the agrarian outskirts of Matsumoto City embraces its topography both outside and inside. In pushing the possibilities of Le Corbusier's architectural promenade through ramps, the circulation for this multi-generational farmhouse compound weaves together the activities of the farm and daily life. Flow is conceived both through the movement of people and air between day and night, summer and winter. The centrality of circulation clearly organizes <SPIRAL house>. In weaving together rooms akin to Adolf Loos's spatial organization of *raumplan*, its spiral stairs weave together the constituent rooms to the climactic top, with the requisite powerful views. The dynamics of circulation embody the neighborhood steps of <Villa Fukuura>. In a sequence of hide-and-reveal, framed views from both the existing house and renova- tion capture foliage near and far, embracing the techniques of borrowed scenery from the *shoji-framed* tree from its *tatami* room to the outlook from its bath.

Iwaoka's domestic design further embodies a figure-ground dynamic between house and city, fluctuating between an object reflecting and shaping its context. The precise geometries of <TRAPEZOID house> reflect the vivid verdant character of the facing lush wooded site, juxtaposed with the expression of the façade's constituent plywood panel's wood grain. <SLIT houses I & II> both stand out within their respective almost chaotic urban contexts as exquisitely proportioned jewel boxes, their inherent meanings can be seen from within as they each feature their composed views as the fundamental inspirational backdrop for living.

The palimpsest of Iwaoka's skillful design strategies can be seen clearly in <Octagon house>, built and designed for himself. In angling the exterior walls to afford indirect views of the neighboring dwellings and maximize its permissible building volume, the house acts as a kaleidoscope to the city. Reflected views in its windows and the constantly transforming shadows afford a visual urban symphony. In maximizing the roominess of this minimal tower house, views from the basement rise up through voids and glazing to both the ground level exterior space and primary living on the floor above. This *raumplan* carefully situates views from those standing in the kitchen with those siting at the table, continuing to the angled views out the windows, framed by its I-beam structure and cross-bracing of bookshelves. Integrating functions of life and home, the bookshelves can be adjusted to books' precise dimensions and ingeniously serve as thermal mass to insulate the house from temperature differences between the inside and outside. As a natural extension of this design thinking, this B5 book can perfectly fit within the shelves, truly expressing notions of "form follows function" and discrete sustainable design. In realizing the maximum potentials of this minimal design beyond precedents such as Takamitsu Azuma's landmark Tower house (1966), the Octagon house affords a large round table and surrounding space to gather both for meals and lectures given periodically by guests from near and far.

Modulating between the scale of the house and city, Iwaoka expands the design of the dwelling both spatially and programmatically. <T-SHAPE house> is both a composition of house and three gardens and three gardens and a house, underscoring the figure ground seen in precedents ranging from Pierre Koenig's Case Study House #22 in Southern California to Jorn Utzon's Kingo Houses in Denmark. Extending Le Corbusier's requisite roof garden to collective housing, <Habitat Tomatsuri> creates an artificial ground further akin to Metabolist architect Masato Otaka's Sakaide housing (1966) in a pragmatic blending of these precedents. The expansion of space is central to <SQUARE in Matsumoto> whereby the central courtyard modulates between the constituent elements of the dwelling, clinic and gallery, with the further spatial expansion from the living volume to the stunning borrowed scenery of Matsumoto Castle.<BALLET House I & II> both embrace studios for dance. In particular, <BALLET House II> appears to levitate above the ground like a ballet dancer through the residence's hidden complex truss structure. Translating scales from micro to macro, <Hayashi-cho Rebuilt Housing> rebuilt the original 1956 housing at a larger scale to meet contemporary living standards, miraculously meeting economic challenges to be sustainable for its residents. <SRI LANKA Condominium> promises to flexibly modulate between the individual and collective dwelling for both short and long term stays based on the courtyard house prototype to meet its regional climatic needs.

<ROW house (project)>, at the end, embodies both Le Corbusier and Iwaoka's broader vision of dwelling. While the ROW house project resonates with Le Corbusier's MASS-PRODUCTION HOUSE (1921-22), Iwaoka's scheme is a micro-urban strategy traversing the scale of the house and the city, further affording the programmatic possibility of a collective photography studio. In providing the primary human need for shelter, this monograph's 16 designs avoid *revolution*. Rather they provide effective strategies to address the complexities of the contemporary built environment in a constantly shifting equilibrium living between the house and the city.

《松本三の丸スクエア》のダンディズム

加藤道夫（東京大学名誉教授）

「（アクロポリスの）プランの見かけの無秩序に騙されるのは、知らない人だけである。」（ル・コルビュジエ『建築へ』（1923））「（三の丸スクエアの）見かけの穏やかな風貌に騙されるのは、知らない人だけである。」

　旧建物の記憶を残す立石と樹木からなる庭を挿んで、北側の幹線道路からアプローチすると逆光のせいなのだろうか、テクスチャーが消失し、控えめな衣装を纏った幾何学的立体に見える。近づくにつれて目に飛び込んでくるのは、オーナーの絵画コレクションの展示を兼ねた収蔵庫棟の大きな突出。視線はその右奥にある住宅棟 2 階にある出窓の突出へと導かれる。出窓は建物が取り囲むスクエアの中心軸を示唆しているようだ。

　スクエアに入り込むと状況が一変する。南からの直射光が建物の境界線を際立たせ、影が幾何学的立体の凹凸を顕在化する。振り返ると建物を額縁にして松本城の黒い天守閣が見える。傾斜した屋根がスクエアを取り囲む光景は、周辺を山々に囲まれた松本の地勢の幾何学的抽象化であり、建物周辺の樹木がその冷徹な幾何学に潤いを与えていると感じるのは私だけだろうか。

　視線を落とすと、移転前の建物の塀の石材を再利用した石張りの一角がある。そこだけが素材感が露わにされることでスクエアの焦点を形成する。収蔵庫、診療所の入口の微妙なずれを伴いつつ、雁行するデッキが収蔵庫、診療所の隙間からスクエアを対角線方向に通り抜ける動線を生み出している。さらには石畳を回り込んで、住宅入り口へと誘導する動線も存在する。建物に囲われたスクエアには焦点と回遊動線が内装されているのだ。そこにも松本城を焦点とする松本の縮図があるように思われる。

　簡素な外観を持つ建物内部にも回遊動線が仕掛けられている。住宅棟に入ると吹き抜けに面して、白い壁面が層状に重なり合う折り返し階段が目に入る。誘われるように階段を昇ると幅広の廊下。そこを進むと食堂テーブルのある空間へと至る。右に目をやると大きな窓越しに光に照らされた灰色の診療棟。その右手には遠方で屹立する黒の松本城天守閣が目に飛び込んでくる。細いサービス階段を下ると個室群。スクエア側には巾 3 尺の閉ざされた廊下があり、南にはやや広めの入側のような空間が外部のデッキを介して南面道路越しに住宅街と繋がっている。

対面する診療棟に入ると受付に面したゆったりした待合空間が心地よい。正面の幅広の階段を上がると手術室のある２階フロア。奥には事務室があり、奥のサービス階段を降りると受付や診察室裏を通る裏動線が住居棟の裏口へと繋がる。住宅棟同様に表と裏の動線を組み込んだ巧みなプランである。

両棟で着目したいのは１尺半（455mm）のモデュ―ルの使用である。２モデュールがサービス動線。３モデュールが住居棟の表動線や入側、診療所の２階待合。４モデュールが診療所１階待合に、居室の多くの奥行きには（通常の８モデュール（２間）ではなく）７モデュールが割り当てられる。用途に応じて適切に割り当てられたモデュールが、広すぎも狭すぎもしない微妙なスケールの変化を生み出している。

そして、「丸の内美術館」と名付けられた展示を兼ねた収蔵庫棟が《三の丸スクエア》における空間体験のクライマックスを提供する。３尺幅に絞られた風除室から内部に入ると、光に持たされた高い壁面が来訪者を圧倒する。体験した者でないとわからないオーナーの絵画コレクションとの衝撃の出会いである。視線は右に折れて通常の高さの展示壁に囲まれた展示空間へといざなわれる。２階へは３モデュール幅の広めの階段。階段室正面の大きな開口からスクエア越しに青空が目に飛び込んでくる。踊り場が突出してスクエアの中に投げ出されるかのようだ。２階の展示室はやや暗めの落ちついたくつろぎの空間になっている。一角に置かれたソファから見ると入口上部の吹き抜け越しに大開口が松本城を切り取っている。その距離感が松本城を絵画作品化する。絵画作品《松本城》と共に、自らの絵画コレクションを反芻するのは、コレクターにとって至極の時間となると思われる。うらやましい限りである。

屹立する黒の松本城がその威厳を周囲に響きわたらせているとするなら、灰色の《三の丸スクエア》は、輝きを自らの内で増幅させつつ、外部に対しては自己主張することなく松本城と静かに向き合っている。

Eloge de la Frugalité

Frank Salama
architecte D.P.L.G.

J’ai rencontré Tatsuo Iwaoka en 2004, c’était le premier architecte que je contactais dans le cadre d’une série d’articles que j’écrivais alors sur l’architecture japonaise pour des revues d’architecture françaises.
Il m’avait fait visiter <SLIT house I> que j’avais trouvée exemplaire, à l’intérieur comme à l’extérieur, par sa dimension universelle portée un minimalisme, une simplicité et une véritable modestie.
Comme <SLIT House II>, elle fait partie d’une série de projets qu’on peut appeler « Maisons-paysages » présentant un point de vue, voire un œil sur la ville tout en étant elle-même un paysage intérieur exposé en raison de la grande baie vitrée qui rendait le séjour visible depuis la rue.
Le patio central constituant également une sorte de petit paysage, l’obligation de le traverser constituant une manière de rester en contact avec le climat extérieur et de sentir le passage des saisons.
Elle développait également une idée, proche de celles de Gaston Bachelard, qu’une maison est un microcosme comprenant toutes les principales dimensions symbolique d’un lieu : un sous-sol , un sol, un corps principal, un grenier, un ciel. Tous ces dispositifs participant à une mise en relation entre les éléments (terre - eau - air).

Un sens de la transmission collégial et prospectif

Par la suite, au travers de l’enseignement, nous avons entamé une longue et joyeuse collaboration constituée de nombreux de workshops entre nos universités respectives : TOKAI et TUS au Japon et en France, à l’Ecole Spéciale d’Architecture (E.S.A.) à Paris et à l’Ecole d’Architecture et de Paysage de Lille (E.N.S.A.P.L.) dans laquelle Iwaoka est venu enseigner un semestre comme professeur invité.
Cette collaboration se perpétue toujours aujourd’hui grâce à un échange annuel concer-

nant 2 étudiants de chacune de nos universités respectives.

J'ai toujours été frappé par la relation quasi familiale que Iwaoka entretenait avec ses étudiants, au sein de son laboratoire. Une manière humaniste et communautaire de faire les choses ensemble sans prendre forcément la place du maître mais plutôt celle d'une sorte de guide bienveillant et fidèle.

Le sol comme élément structurant

J'ai par la suite suivi son travail et visité certains de ses projets. J'ai été très intéressé par la manière dont il s'est approprié certains éléments de l'architecture traditionnelle à l'intérieur de ses projets.

En particulier la question du sol et en particulier le dispositif traditionnel du Doma, ce sol extérieur qui traverse l'espace intérieur. La question du déplacement est une partie fondamentale dans ses projets et dans la continuité de cette question on trouve un travail sur l'ambiguïté entre l'espace public et l'espace privé.

Dans certains projets comme <SLOPE house>, <DOMA house> et <Villa Fukuura>, la circulation devient l'élément structurant principal. Dans <DOMA house>, le Doma s'insinue à travers le projet et quitte même sa dimension traditionnellement horizontale pour devenir diagonal. Dans <SLOPE house> la rampe devient un élément qui se met en relation avec la topographie. Dans <Villa Fukuura> rénovation on peut voir comment les circulations extérieures trouvent leurs prolongements à l'intérieurs des maisons par les escalier mais également les différents Doma.

La question de la verticalité

Il est très intéressant également d'observer dans les projets de Iwaoka comment est traité la verticalité . Cette question n'est pas présente dans l'architecture traditionnelle, qui est fondamentalement frontale et horizontale. La modernité et la réduction de l'espace au sol à obligé les architectes japonais à traiter cette question tout en tentant de conserver certains attributs de l'espace traditionnel.

Dans <OCTAGON house> on retrouve cette ambiguïté entre les espaces domestiques et les espaces de travail qui donnent une certaine polyvalence à ce projet.

Sa manière de montrer ses organes intérieurs (ici les tuyaux de chauffage) en font un projet qui dit la vérité sur son fonctionnement.

Il va également résoudre, de manière malicieuse, la question de l'isolation thermique en tapissant toute la peau intérieure d'étagères permettant aux livres et objets posés sur celles-ci de faire office d'isolant.

Dans <BALLET house I> on peut aussi remarquer la relation verticale dérobée que Iwaoka installe entre le logement et la salle de danse grâce à une petite fenêtre qui permet au propriétaire qui vit dans les lieux de pouvoir toujours observer ce qui se passe dans la salle de danse.

Des extérieurs très sobres

Concernant l'écriture architecturale extérieure de ses projets, il semble que Iwaoka soit dans la même démarche minimaliste que pour l'intérieur et ne cherche pas une expressivité formelle.

Il s'inscrit plutôt dans la lignée très dépouillée d'Adolf Loos par le traitement très lisse et assez neutre de la plupart de ses façades. On peut parfois voir également des clins d'œil formels à Le Corbusier qui datent sans doute de son passage à l'école d'architecture de Paris-Belleville en 1987.

D'autres fois l'abstraction est traitée par une série de fenêtres placées de manière aléatoire comme on peut le voir parfois chez Sanaa.

Dans son dernier projet à Matsumoto (=SQUARE in Matsumoto) on peut voir une petite fantaisie, un peu espiègle avec ces petits Bow-windows qui dépassent des façades tels des Obis de kimonos.

Dans ses influences japonaises on peut voir l'influence d'une figure des années 50 comme Kiyoshi Seike ou même de son héritier, Kazuo Shinohara pour leur minimalisme ou dans les 70/80 on peut aussi trouver des liens avec Ryoji Suzuki.

Minimalisme constructif

D'autre part, la relation très forte de Tatsuo Iwaoka à la dimension structurelle s'est sans doute beaucoup nourrie de sa connaissance du travail de Jean Prouvé qu'il considérablement contribué à diffuser au Japon au travers de différentes expositions.

Le traitement des enveloppes très fines de ses projets peut-être liée à la peau très ténue de la maison traditionnelle tout autant qu'à Jean Prouvé qui défend également une certaine idée de la préfabrication, de l'économie de moyens et de la légèreté pour une architecture dont l'objectif est de générer une forme d'éveil et de réflexion sur le monde.

おわりに　住宅の＜左右＞と＜前後＞について

ある１つの場所に、新たな住宅が１つ建ち上がる、そのことは社会全体に何をもたらすのだろうか。その問いへの回答を求めながらこの作品集を制作した。住宅という建物の社会への波及の仕方は大きく２通りあるように思う。１つ目は、住宅が建ち上がることによってその周辺の環境へ与える波及作用である。すなわち、住宅の外観やそのヴォリューム、住宅によってつくられる新たな交通動線､住宅の住まいとしての用途を超えた機能などが、その周辺環境へ与える影響や効果のことである。２つ目は、住宅が実際に建っている場所から離脱し、類型（＝タイプ）や記憶（＝イコン）として、情報社会の中へ伝達・浸透・生産されていく仕方である。住宅はこうした実体性と仮想性を同時に持ち合わせている建物であるといえるが、この本では特に実体としてのリアルな存在である住宅が、その周辺に展開する実体としての環境との関係を主たるテーマとなるように構成した。

2024年初夏パリ・シテ建築遺産博物館図書館にて

建物の建つ場所やその＜左右＞に広がる周辺の様子は、書籍などを通じて与えられる写真や図面の断片的な情報だけでは本当の姿を読み取ることが困難である。１つの建物は、敷地という切り取られた地面の中に制度的に存在し、その建物の姿は周囲の障害物によって視覚的に切り取られてしまう。敷地とセットになった建物と、そこに隣接する周辺環境あるいは都市空間とのシームレスな状況は、実際には存在しているのであるが、その情報はメディアの中でほぼ消されてしまっているといってよい。建物に対するこの隠された部分を見える形で表現し、設計論に結びつけたい思いがここにはある。サブタイトルを＜住宅から都市へ＞としたのはそのためである。今回の作品集制作にあたり、各住宅の周辺の様子をそれぞれ俯瞰的に描いてみたが、東京のような大都市の中心部から、郊外住宅地、地方都市の里山、斜面地集落、さらには海外の密林住宅地まで、その周辺環境にみられる密度感やスケール感の多彩な様子をあらためて知ることになった。住宅は、こうした周辺環境の多様性の中に埋もれる形で、その周りの環境に関係なくどこでも存在できるという、住宅が周辺環境から切り離されることを肯定してしまっているような矛盾にも気づく。

一方で、この作品集では住宅が建てられるその時の＜前後＞の様子、すなわち時間軸の中での住宅のあり方も含ませたかった。例えば、住宅のリノベーションの前後を示したもの（No.04）、住宅の施工の手順を連続写真や分解図で表したもの（No.05、No.10）、同一敷地内での住宅の建替の手順やプロセスを示したもの（No.02、No.09、No.14）、さらに住宅へ至るアプローチ動線を示すことで時間の中で現象する建物の様子を喚起させるもの（No.03、No.04）、そして、住宅の周辺環境の変貌によって住宅そのものが新たな敷地で生まれ変わったもの（No.08 → No.05）など、短期的／長期的なタイムスパンの中での住宅のあり方を汲み取っていただければ幸いである。

この本をまとめるにあたり、多くの方々のご協力を得た。東海教育研究所の原田邦彦氏には、本書の出版企画案を快諾していただいたことに感謝申し上げる。また武蔵野美術大学出版局の稲英史氏には、東海大学出版会時代から現在まで、私自身の関係したほぼ全ての書籍出版に関わっていただいており、私のわがままな意向を全て理解していただいたことにあらためて御礼申し上げる。さらに、出版印刷に関わる技術的なサポートをしていただいた港北メディアサービスの熊谷雅氏にもお世話になった。本書の装丁デザインと全体構成、そして版下の最終制作の作業は、リンク建築設計工房の石田潤氏にお願いした。彼女との協力体制がなければ、この本の完成に到達することはなかった。また横山一晃氏には主に作品の立体図面の制作の統括をお願いしたが、的確かつ迅速な対応にあらためて感謝したい。そのほか、各作品の設計担当者であった東海大学研究室時代のOBOGたちと、アイソメ図面を制作していただいた理科大研究室の現役学生の諸君にも、この場を借りてお礼を述べたい。また掲載写真については、その多くを旧知の仲である山田新治郎氏の撮影写真を使わせていただいた。今回の全面的な協力に感謝申し上げる。最後に、拙著への寄稿を快諾していただいた３名の方々にも感謝いたします。

岩岡竜夫（いわおか・たつお）
Tatsuo IWAOKA

建築家／東京理科大学教授
architect ／ professor of Tokyo University of Science

1960 年　長崎市生まれ
1978 年　長野県立松本深志高校卒業
1983 年　武蔵野美術大学造形学部建築学科卒業
1985 年　同大学院造形研究科建築学専攻修了（芸術学修士）
1987-88 年　パリ建築大学ベルヴィル校留学（１年間）
1990 年　東京工業大学大学院理工学研究科博士課程修了（工学博士）
1992 年　東海大学工学部建築学科専任講師
1995 年　東海大学第二工学部建築デザイン学科助教授
2003 年　同教授
2011 年　東京理科大学理工学部（現創域理工学部）建築学科教授
2016 年　リール建築大学（E.N.S.A.P.L.）客員教授（半年間）

[写真クレジット]　山田新治郎：表紙、P24-25、P41、P52-53、P60-61、P69、P77、P88-89、P92-93、P100-101、P116-117、P164-165
新建築社：P13、P16-17、P33、P56-57、P72-73、P97、P133、P149
平賀茂：P8-9、P12、P27、P29
宮本啓介：P21、P36、P37
瀧浦秀雄：P64、P80-81
川島保彦：P65
平井広行：P128-129、P132
片桐悠自：P86（注9）、P124（注5）
石田潤：P85（注8）、P86（注12右）
Frank Salama：P172

[図面制作]　01 立体土間の家：大宮司勝弘
02 対屋の家：大宮司勝弘
03 ラセンの家：磯山克規、飯島崇文、田中健一郎
04 福浦ハウス：渡邉光、尾方証
05 乃木坂ハウス：渡邉光
06 台形面の家：加藤正三、杉本貴司、浅沼真一
07 中落合のスリットハウス：渡邉光、塩山茂臣
08 八丁堀のスリットハウス：佐山恭彦
09 松本三の丸スクエア：森昌樹、二宮拓巨
10 T平面の家：竹内宏俊
11 バレエの家 II：前田修吾
12 バレエの家 I：小林俊雅、井上太一郎、松本加恵
13 アビタ戸祭：寺坂久美
14 林町建替住宅：山本浩三都市建築設計事務所、前田修吾、竹内宏俊
15 スリランカハウス：兼本祐輔
16 小山のローハウス：森昌樹

[アイソメ図作成]　横山一晃
西森史也、赤木里菜、増田龍、瀬戸口尊、劉子洋

[編集・デザイン]　石田潤

住宅（いえ）から都市（まち）へ
岩岡竜夫研究室 1995-2024 建築設計作品集

2024年9月21日　第1版第1刷発行

著　　者　岩岡竜夫
発 行 者　原田邦彦
発 行 所　東海教育研究所

〒160-0022　東京都新宿区新宿 1-9-5 新宿御苑さくらビル 4F
電話 03-6380-0494　ファクス 03-6380-0499
eigyo@tokaiedu.co.jp

印 刷 所　港北メディアサービス株式会社
製 本 所　誠製本株式会社

ISBN978-4-924523-48-7